LE
COURRIER AÉRIEN

VULGARISATEUR

DE LA

NOUVELLE NAVIGATION AÉRIENNE PRATIQUE
DE L'AVENIR

SA LOCOMOTION, SA SECURITÉ

(QUELQUES NOTES CORRÉLATIVES AVEC L'INDUSTRIE ET LA MARINE)

1891

(

Ouv

LE COURRIER AÉRIEN

BREVETÉ S. G. D. G.

VULGARISATEUR

(FIN XIXe SIÈCLE)

DE LA

NOUVELLE NAVIGATION AÉRIENNE PRATIQUE DE L'AVENIR

ÉTUDE

(A la portée de tout le monde)

SUR SA FUTURE LOCOMOTION ET SA SÉCURITÉ

RÉVÉLATIONS ET PRINCIPES NOUVEAUX

Quelques Notes corrélatives avec l'Industrie et la Marine

PAR

UN HALLUCINÉ PRATIQUE

DE LA (LOIRE)

> ..... Dieu a dit à l'homme :
> Aide-toi.....
> Je t'aiderai.....

Ouvrage contenant le plan du « COURRIER AÉRIEN » en 3 figures, ainsi que 3 croquis

---

(DROITS DE PROPRIÉTÉ ET DE TRADUCTION RÉSERVÉS)

SAINT-ÉTIENNE

J. LE HÉNAFF, IMPRIMEUR-LIBRAIRE

2, RUE DE LA BOURSE, 2

1891

PRÉFACE

Dieu éternel, tout puissant, qui a tout créé, fait les innombrables mondes qui roulent (avec ordre) dans l'Espace (planètes que ne peuvent compter nos savants astronomes), Dieu qui a fait le Ciel et la Terre (ce petit globe planétaire) pour l'homme, son royaume..... Dieu (que certains ignorants croient nier) a fait l'homme auquel il a donné la vie.., ce souffle impalpable, étincelle divine, faculté souveraine de penser et d'agir. Ame immortelle....! qui lui échappe (à l'homme) et ne peut la retenir pour retourner (lorsqu'elle est rappelée) à sa source (Dieu) dont elle est émanée après s'être séparée de la matière inerte, son enveloppe morte... Dieu a fait ainsi l'homme souverain de la Terre, et lui a dit (la lui montrant plongée dans l'Immensité des Cieux) : Voici ton domaine. « Aide-toi... « Je t'aiderai... »

Ainsi donc, par conséquent, tenant du Tout-Puissant, l'homme travaillant aidé de Dieu, tout peut lui être possible...

En effet, toutes les merveilles accomplies dans le domaine de l'homme et par lui (ne parlant que de la vapeur et de l'électricité) en sont la preuve...

Alors ! assurément ! l'homme peut aussi bien « à son gré » parcourir l'Air (l'atmosphère) comme il parcourt la Terre et l'Onde...

Donc, à l'œuvre !

(Pour cela, le devoir est de « travailler » à continuer l'œuvre grandiose déjà si savamment entreprise).

Ainsi, nous avons l'honneur de présenter au lecteur ce petit opuscule (un peu original) en vue de vulgariser, de mettre à la portée de tout le monde, pour chercher à rendre facile,

« *la possibilité, la pratique même* » *de la navigation aérienne, afin que cette action pratique soit réalisée le plus promptement possible (selon la maxime) par le travail, l'aide, le concours de la coopération populaire universelle.*

UN HALLUCINÉ PRATIQUE.

DE LA (LOIRE)

Mai 1891.

ÉTUDE

COURRIER AÉRIEN

VULGARISATEUR

DE LA

NOUVELLE NAVIGATION AÉRIENNE PRATIQUE DE L'AVENIR

INTRODUCTION

Il s'agit, dans ce petit ouvrage, de la publication du « *Courrier aérien* », breveté s. g. d. g. le 12 juin 1890.

(Ce document est la raison, la cause, le prétexte de cette publication, et il en est aussi, surtout, la matière devant servir à vulgariser, rendre commune, simple, facile, mettre à la portée de tout le monde, la « possibilité » de la pratique (au plus tôt) de la nouvelle navigation aérienne pratique de l'avenir.)

Nota. — Ce qui nous a décidé à publier l'invention brevetée, le « *Courrier aérien* »,

chercher à la vulgariser, à la livrer librement
et volontairement au domaine public, à jeter
en quelque sorte, pour ainsi dire, notre lest,
c'est son refus d'avoir été prise en considé-
ration par les hommes compétents auxquels
il en a été référé, et par ceux aussi auxquels
le devoir était d'en faire offre, qui nous a
déterminé à cette décision ; parce que nous
pensons que si cette « disposition aérostatique » (Dieu veuille que nous soyons dans
le vrai) avait une certaine valeur qui, pour
l'intérêt universel, ne doit pas être ignorée
du public, et que, cependant aussi, si elle
n'avait pas toute la valeur, l'importance
nécessaire, pour rendre entièrement pratique
la navigation aérienne, nous aimons à croire
et croyons, c'est notre conviction profonde,
qu'après l'avoir divulguée, vulgarisée, par
sa coopération, le public la complètera (que
ses efforts ne seront point vains et porteront
des fruits) ; c'est d'ailleurs le motif de notre
but principal et l'objet de nos vœux les plus
ardents. Heureux nous serons d'avoir, par
notre faible concours, pu participer, contri-
buer à cette œuvre de l'universelle humanité,
s'il nous est donné de lui avoir été utile.

Ce *Courrier aérien* peut servir pour tous

usages aériens (locomotion atmosphérique), notamment pour tous transports aériens dans l'univers (par voie de l'atmosphère), des dépêches, voyageurs, marchandises, etc., etc.

Ce *Courrier aérien*, nous allons le décrire un peu plus loin, donner des explications et faire des observations ; en un mot, le commenter, l'analyser en quelque sorte dans tous ses points, de façon à le faire toucher du doigt, à le mettre en lumière parfaite et à la portée du lecteur, afin qu'il ne reste plus un doute, après l'avoir étudié, sur la « possibilité » de la nouvelle navigation aérienne pratique à l'avenir.

Mais auparavant, il est indispensable préalablement, pour que le lecteur puisse suivre et comprendre cette « Description » du *Courrier aérien* avec tous ses avantages, de lui faire connaître où ont abouti toutes les expériences et surtout les principales, les dernières faites de nos jours relatives à la navigation aérienne ; en un mot, au point où elle est arrivée actuellement depuis 1783 que les frères Montgolfier créèrent l'art aéronautique.

Pour cela, il est utile que nous fassions rapidement un exposé historique de l'aérostation, une revue succinte.

ÉTUDE

HISTORIQUE RAISONNÉ

RÉSUMÉ DE L'ART AÉRIEN

A PARTIR DU PÈRE LANA (1670)

ET DEPUIS LES FRÈRES MONTGOLFIER (1783)

JUSQU'EN (1890) DATE DU COURRIER AÉRIEN

(Renseignements puisés sur la « *Navigation aérienne* », de Gaston Tissandier,
et sur divers ouvrages scientifiques.)

ÉTUDE RAISONNÉE

L'aérostation, l'art aérien, aéronautique
proprement dit, depuis 1783, époque de sa
découverte par les frères Montgolfier, d'Annonay (France), a passé par de nombreuses
phases très différentes les unes des autres ;
des savants très distingués, d'autres plus obs-
curs ont proposé et expérimenté, même avec
certains petits succès dont les résultats, cependant sont peu satisfaisants, des ballons
divers, ballons d'abord qu'ils cherchèrent à
guider, diriger naturellement, soit avec des
voiles, rames, ailes, etc., etc., avec des hélices
même sans moteur; des ballons planeurs
mus aussi naturellement (seuls), etc., etc.

Toutes ces expériences, jusqu'en 1850, ne furent, on pourrait dire, que de simples ascensions (sans résultats concluants de direction), c'est-à-dire monter dans l'atmosphère, se livrer au gré des courants et redescendre assez périlleusement : car il ne faut pas l'ignorer, le ballon sans moteur, une fois arrivé à l'altitude dans l'atmosphère où il est équilibré, est inerte absolument, il ne se meut plus, ni ne monte ni ne descend ; il est dans l'immobilité la plus parfaite, tout en ayant cependant la vitesse du courant dont il fait, en quelque sorte, partie, dans lequel, on pourrait dire, il est enclavé ; l'aéronaute ne se sent pas entraîné par le courant dans lequel son ballon et lui sont rivés, il ne sent aucun vent, son drapeau n'est pas même agité ; s'il n'avait quelques points de repère sur le sol, il ignorerait complètement s'il a changé de place.

Aussitôt après la découverte des Montgolfier (1783), on songea à diriger les ballons, on comprit parfaitement, en effet, qu'un ballon seul (est le jouet de l'air) qu'il n'a que le pouvoir seulement de s'élever dans l'atmosphère (parce qu'il est simplement plus léger que l'air, sa seule propriété) et de s'y livrer à son gré, de s'y abandonner à son malheureux sort, sans possibilité aucune de se diriger où il plaît, ne peut rendre d'immenses services ; aussi, de nombreux projets de ballons de toutes sortes surgirent alors, et des tentatives d'expériences furent faites sans résultats satisfaisants, comme nous l'avons dit plus haut. Plus loin, nous verrons clairement qu'un ballon ne peut se déplacer, se diriger, avoir le mouvement, le pouvoir de translation, propulser en un mot, sans une force, un moteur quelconque, actionnant un propulseur quelconque, l'hélice, par exemple (dont nous reparlerons particulièrement dans l'*Analyse du Courrier aérien*), qui prend son appui sur l'air (quoique mobile), comme l'hélice du navire prend son appui sur l'eau (élément également mobile) (l'hélice s'appuie sur l'eau mobile qui recule, il est vrai, mais le navire avance malgré), il n'y a de différence que la densité des deux fluides, qui nécessite pour l'air une hélice beaucoup plus grande que pour l'eau. Un ballon sans moteur et propulseur ne peut donc se déplacer dans l'atmosphère, venons-nous de dire, pas plus que ne se déplacerait le navire sur l'eau et la locomotive sur terre, si la vapeur n'actionnait le premier son hélice propulsive et le second ses roues motrices (qui, par la pression de son énorme poids), prennent appui sur le rail.

Ce n'est donc bien qu'à partir de 1850 que les ballons, par le moyen d'un moteur actionnant une hélice propulsive, purent obtenir un commencement de direction, dont plusieurs expériences en petit furent faites avec un certain succès.

Mais c'est en 1852 que des expériences pratiques en grand, avec moteurs divers, propulseur hélicoïdal et gouvernail, furent faites, et dont les résultats satisfaisants sont surtout concluants : nous allons plus loin les énumérer.

Rappelons auparavant, brièvement en passant, que le principe des ballons était connu depuis très longtemps. (Livre du Père Lanna, de la Compagnie de Jésus (1670), son *Projet de navire aérien*).

Mais que ce ne fut, nous l'avons dit, qu'en 1783, que les frères Montgolfier, d'Annonay (France), parvinrent à le mettre à exécution. Le premier ballon qu'ils lancèrent dans les airs, en présence des membres des Etats du Vivarais et des habitants du pays, était, disons nous, de forme sphérique et avait 12 mètres de diamètre, il s'éleva à environ 2.000 mètres.

Ce fut quelques mois après l'expérience des Montgolfier, que Pilâtre de Rosier et le marquis d'Arlandes exécutèrent la première ascension que les hommes aient jamais faite en quittant le sol ; ils s'élevèrent ensemble, disons-nous, dans une nacelle suspendue à la partie inférieure du ballon ; ils avaient placé au milieu de la nacelle, un réchaud contenant des charbons ardents, et ils alimentaient la combustion pendant le voyage au moyen de paille qu'ils jetaient de temps à autre sur les charbons, afin de renouveler la quantité de gaz chauds. Ils s'élevèrent à plus de 1.000 mètres et parcoururent plus de deux lieues en 17 minutes. On se souvient que l'intrépide Pilâtre de Rozier, accompagné du jeune physicien nommé Romain, trouvèrent la mort dans son ascension du passage de la Manche, où ils furent précipités du haut des airs sur le rivage : ce furent les premières victimes de la science aérostatique.

Citons aussi, en passant, le remarquable voyage aérostatique de Gay-Lussac, entrepris dans un but scientifique. Ce savant s'éleva à près de 7.000 mètres, en 1804, le 15 septembre ; à cette altitude, le baromètre marquait 32,88 centimètres, et le thermomètre marquait 10° au-dessous de zéro. L'air de ces hautes régions était d'une sécheresse extrême, le parchemin s'y contractait comme devant le feu. Gay-Lussac partit du Conservatoire des Arts-et-Métiers (de Paris) et alla descendre près de Rouen, à une distance de 30 lieues, il resta suspendu pendant six heures dans l'atmosphère. Gay-Lussac, de ce voyage, dota la science de faits relatifs au magnétisme du globe, à l'électricité de l'atmosphère et à la composition de l'air.

Revenons après l'époque du Père Lanna (1670) parlant dans son livre d'un navire aérien, jusqu'aux Montgolfier (1783) et plus tard de nos jours même.

Des humbles et des savants pionniers de la science présentèrent aussi de nombreux projets du « plus lourd que l'air, » dont certains furent expérimentés avec succès, tels que oiseaux et insectes volants (mais de petites dimensions, mus par des caoutchoucs tordus, spirales enroulées ou autre moteur quelconque), qui s'élevaient en l'air jusqu'à ce que le caoutchouc ou la spirale se fussent complètement détendus et retombaient ensuite ; ces expériences, d'ailleurs, sont restées dans le domaine des jouets.

RÉVÉLATIONS

Nous aurons l'occasion de revenir sur le « plus lourd que l'air » quand nous traiterons du *Courrier aérien,* que nous l'analyserons, parce que le *Courrier aérien,* lui, est « un mélange, une alliance, un agencement » du « plus lourd que l'air » et du « plus léger que l'air, » tenant de l'un et de l'autre : un flotteur.

Nous dirons seulement, en passant, quelques mots que le « plus lourd que l'air » tout seul a un défaut pratique, défaut *capital,* qui ne lui permettra pas jamais *seul* d'être un appareil aérien *pratique ;* c'est celui de manquer de *sécurité :* en effet (c'est relaté plus loin dans la *Description du brevet d'invention* du *Courrier aérien,* page 41). Supposez que le « plus lourd que l'air » du *Courrier aérien,* son moteur qui le fait agir, parcourir l'atmosphère en tous sens à son gré (pour une raison ou une autre), ce moteur cessant de fonctionner : seul, ce « plus lourd que l'air » du *Courrier aérien*, sans le secours des aérostats, ou « plus léger que l'air » (dont est composé le *Courrier aérien* lui-même, aérostats qui sont en même temps qu'une nécessité, une sécurité,) le « plus lourd que l'air » seul, disons-nous, sans le secours des aérostats serait condamné infailliblement à subir la loi (fatale) de la pesanteur (lire l'exemple de l'oiseau blessé, plus loin, page 64, dans l'analyse du *Courrier*), tandis que le *Courrier aérien*, combiné de l'un et de l'autre du » plus lourd que l'air » et du plus « léger que l'air » qui a les deux, a donc une chance de sauvegarde de plus que le « plus lourd que l'air » seul. Exemple : Supposez le « plus léger que l'air » du *Courrier aérien*, ses aérostats manquant, crevant si vous voulez, il a alors la ressource du « plus lourd que l'air » (foyer du *Courrier aérien* représenté par la charpente), qui peut au besoin, par lui-même, seul (par son moteur et son propulseur qui y sont fixés), s'affranchir des lois de la pesanteur, se maintenir en équilibre dans l'atmosphère (et atterrir ensuite) : supposez le contraire, que ce soit le moteur du « plus lourd que l'air » du

Courrier aérien qui fit défaut : avec la ressource alors du « plus léger que l'air », c'est-à-dire des aérostats qui le maintiennent en équilibre (dans l'atmosphère); tout danger est écarté, rien n'est changé, le *Courrier aérien* reste toujours en équilibre dans l'atmosphère (et peut atterrir).

EXPÉRIENCES PRATIQUES RÉSUMÉES

DE NAVIGATION AÉRIENNE

(Petit résumé (dressé et commenté par nous) avec la substance des expériences citées dans la *Navigation aérienne*, de Gaston Tissandier, l'un des aéronautes dont il est longuement parlé ici.)

De nos jours, à partir de 1852, il s'est fait nombre d'expériences en grand, sérieuses et concluantes de navigation aérienne, expériences pratiques avec *aérostats* seulement et *nacelle suspendue* par un filet; toutes ces expériences ont été faites avec un *aérostat allongé*, pointu des deux bouts, afin que la pénétration dans l'air soit plus facile. Dans chacune de ces expériences, la *nacelle suspendue* du ballon était *porteur d'un moteur* (à vapeur, électricité ou animé), lequel actionnait, mettait en mouvement un *propulseur*, une hélice fixée à l'avant ou à l'arrière de la nacelle, et d'un *gouvernail* que manœuvrait l'aéronaute par des cordages, selon besoin.

Tout cet agencement, il est vrai, était d'une fragilité assez sensible, le tout ne tenant que par cordages au filet de l'aérostat; mais quoique cela, ces diverses expériences obtinrent des résultats assez satisfaisants, parce qu'elles étaient des expériences bien comprises. Ces aérostats avaient tout ce qu'il faut pour essayer de naviguer, mais montés, comme nous venons de le dire, assez légèrement et munis de moteurs assez faibles relativement; leur force, leur puissance de résistance, par conséquent, était certainement insuffisante (ils n'en doutaient pas, les aéronautes, mais ils voulaient expérimenter) pour chercher à lutter contre un vent quelconque même. Mais, par temps calme, chacune de ces expériences a pu *démontrer*, par des directions (obtenues), même sensibles, contre des petits vents (certaines même de ces expériences, plusieurs fois répétées, ont pu, dans un voyage d'expériences assez restreint, partir d'un point et revenir à ce même point de départ), qu'elles étaient dans le chemin du vrai et que tel était le principe, le point de départ de la marche à suivre pour l'avenir de la navigation aérienne pratique.

Il résulte donc de ces savantes expériences (faites par des hommes compétents et convaincus) que l'on peut en *conclure :* que pour naviguer utilement, pratiquement, efficacement dans l'atmosphère, pour lutter, pour remonter tous les courants, les vents, il faut absolument, et pas autrement que pour naviguer sur l'onde (quoique le navire navigue sur l'onde et non dans l'onde), *un fort moteur* assez puissant, un *propulseur* qu'actionnera le moteur (ce propulseur, ces expérimentateurs ont reconnu que l'*hélice* qui fait marcher nos navires était aussi le propulseur le plus efficace, à la condition qu'elle soit plus grande pour l'eau, dans le rapport de la différence de densité des deux fluides), et que pour diriger, guider l'aérostat, un *gouvernail* quelconque peut suffire à cela. Voilà le point où en est arrivé actuellement (1890) la navigation aérienne.

Voilà donc de l'acquis dont il faut profiter et user religieusement.

(On pourra nous accuser d'audacieux prétentieux, de nous permettre de raisonner sur des expériences qui ne sont pas à notre portée, n'ayant jamais été praticien, aéro-naute).

(Nous répondrons que nous sommes simple observateur, jugeant avec notre propre bon sens ; si nous nous trompons, ou que nous soyons dans l'erreur, c'est à nous seul qu'incombera la faute de notre appré-ciation particulière et personnelle.)

Voici un aperçu résumé de quelques-unes des dernières expériences dont nous venons de parler :

EXPÉRIENCES GIFFARD

En 1852, Giffard, jeune ingénieur (celui qui fut plus tard l'inventeur de l'injecteur à vapeur de ce nom), aidé et appuyé de deux ingénieurs ses amis, fut le premier qui appli-qua la vapeur pour la navigation aérienne ; il fit plusieurs voyages (d'expérience) aériens avec un ballon allongé, pointu des deux bouts (afin de pénétrer dans l'air plus facilement) ; un brancard, portant une machine à vapeur, suspendu par un filet et ses cordages, à l'aérostat, remplaçait la nacelle habituelle ; à ce brancard était également fixée une hélice de propulsion qui faisait agir le moteur à vapeur ; un gouvernail en toile, fixé aux cordages du filet, que l'on manœuvrait par un cordage de gauche ou de droite pour obtenir déviation.

Ce ballon cubait environ 2.500 mètres cubes, il avait 12 mètres de diamètre au milieu et 44 mètres de longueur. (Gonflé avec de l'hydrogène pur, cet aérostat aurait eu une force ascensionnelle de 2.800 kilogrammes), mais il fut rempli de gaz d'éclairage, qui porta sa force ascensionnelle à 1.800 kilogrammes ; le ballon, avec tous ses accessoires sans approvisionnements, pesait environ 1.550 kilogrammes.

Giffard obtint comme résultats de cette expérience, dans un air parfaitement calme, la vitesse de translation de 2 à 3 mètres par seconde, la déviation latérale et le mouvement circulaire par le gouvernail, à volonté.

Giffard est parti, s'est élevé avec son ballon de l'Hippodrome de Paris, et est descendu sur la commune d'Ellancourt, près Trappes, et voyagea à une altitude entre 1.500 et 1.800 mètres.

Giffard, dans ce voyage, n'a pas essayé, à un moment donné que le vent soufflait avec violence, de lutter directement contre le vent, la force de sa machine ne l'eût pas permis, il l'avait prévu d'avance par le calcul ; son seul objectif (croyons-nous) dans cette première expérience n'était que de constater qu'il pouvait se déplacer dans l'atmosphère par la force de son moteur agissant directement sur une hélice de propulsion, et s'y guider avec un gouvernail.

C'est, en effet, dans cette mémorable expérience de 1852, que Giffard (ce Fulton de la navigation aérienne, ainsi que l'appelait Emile de Girardin) reconnut lui-même la possibilité pratique à l'avenir de la direction des ballons.

En 1855, Giffard fit une nouvelle expérience, toujours avec la vapeur, avec un nouveau ballon allongé, d'une plus grande force ascensionnelle ; son volume était de 3.200 mètres cubes, il avait environ *70 mètres* de longueur, et environ 10 mètres seulement de diamètre au milieu.

Giffard, par cette nouvelle expérience, confirma victorieusement les premiers résultats de son expérience de 1852, il put, de plus, un instant, tenir tête au vent et se dévier librement.

Rappelons comme souvenir que ce fut Giffard qui construisit le premier aérostat captif lors de l'Exposition universelle de 1867, à Paris. Il construisit également le grand ballon captif à vapeur de l'Exposition de 1878 qui était d'un volume de 25.000 mètres cubes, *puissance colossale*.

EXPÉRIENCE DUPUY DE LOME

En 1870, Dupuy de Lôme, l'ingénieur dont la construction des premiers navires cuirassés avait donné une réputation universelle, fut chargé par le gouvernement de la Défense nationale, pour le compte de l'Etat, de construire un ballon dirigeable dont il avait présenté le projet à l'Académie des sciences. Cet aérostat, pour des raisons : siège de Paris, insurrection du 18 mars, ne put être achevé qu'en 1872, que l'expérience fut exécutée par Dupuy de Lôme et deux collaborateurs, dont un officier de marine et un aéronaute.

Cette expérience réédita (à notre avis), répéta les expériences de Giffard de 1852 et 1855 ; c'est-à-dire faite avec un aérostat allongé et pointu des deux bouts, avec une nacelle qui lui était suspendue par un filet, sur laquelle nacelle était fixée l'hélice propulsive (mais de grande dimension, environ 9 mètres de diamètre) actionnée par huit hommes de manœuvre remplaçant le moteur à vapeur de Giffard, et un gouvernail manœuvré aussi par un cordage ; cet aérostat était, de plus, muni intérieurement d'un ballonnet soufflé d'air par un ventilateur fixé dans la nacelle, qui permettait de descendre près de 800 à 900 mètres sans dégonfler l'aérostat.

Cet aérostat allongé cubait environ 3.400 mètres, sa longueur était de 36 mètres et son diamètre, au milieu, de près de 15 mètres. Il était gonflé de gaz hydrogène pur ; sa force ascensionnelle, par conséquent considérable, lui permit d'enlever, sans parler du total de l'aérostat avec tous ses accessoires, 10 hommes, dont 8 manœuvraient l'hélice propulsive de grand diamètre.

Cette expérience fut exécutée à Paris, dans le Fort de Vincennes, où le ballon s'éleva, et la descente eut lieu à Mondécourt.

Dupuy de Lôme, dans ce voyage (d'expérience) aérostatique, obtint des résultats satisfaisants (selon nous), (résultats plus accentués que ceux de Giffard dans ses expériences de 1852 et 1855); la vitesse de l'aérostat fut de 2 à 3 mètres par seconde par rapport au produit de l'hélice pour le nombre de tours, soit 76 pour % au 10 kilogrammètres environ à l'heure, obtenus par la faible force de 8 hommes agissant au treuil de l'hélice faisant 27 tours seulement à la minute.

L'éminent ingénieur Dupuy de Lôme, par sa haute situation, sa notoriété et son influence, a marqué par cette expérience (selon nous) du sceau pratique la navigation aérienne.

EXPÉRIENCES : LES FRÈRES TISSANDIER

En 1883 et 1884, les frères Tissandier ingénieurs, aéronautes (disons nous), assez connus par leurs nombreuses ascensions et leurs ouvrages sérieux sur la navigation aérienne, furent les premiers qui appliquèrent l'électricité à la navigation aérienne. (Cette idée (suivant nous) d'employer l'électricité comme moteur à la navigation aérienne est parfaite sous plusieurs points : danger de feu écarté, poids du moteur relativement faible pour sa puissance et poids restant toujours constant, n'augmentant ni ne diminuant) et, disons-nous, firent plusieurs expériences qui démontrèrent parfaitement (d'après nous) que leurs prédécesseurs, dont nous venons de citer les expériences, étaient dans la bonne voie, le bon chemin relativement à la navigation aérienne ; que l'emploi de l'hélice de grande dimension comme moyen de propulsion était désormais le vrai propulseur pratique et que le gouvernail donnait les résultats attendus de son usage, son service ; que l'emploi du moteur électrique, par ses commodités et ses avantages pour la navigation aérienne, était un moteur sûr de toutes possibilités et garanties.

L'aérostat des frères Tissandier était allongé comme ceux de Giffard et Dupuy de Lôme, appointi des deux bouts ; il cubait un peu plus de 1000 mètres et était gonflé à l'hydrogène pur ; sa longueur était de 28 mètres et son diamètre, au milieu, avait un peu plus de 9 mètres ; un filet avec cordages suspendait à l'aérostat une nacelle en forme de cage, dans laquelle était fixé le moteur électrique et à laquelle aussi est fixée l'hélice de propulsion ; le gouvernail d'étoffe, fixé aussi aux cordages, est manœuvré aussi par un cordage. La puissance ascensionnelle de cet aérostat par l'hydrogène pur est grande (par mètre cube, elle est de 1 kil. 180, densité, poids très faible relativement) : le poids total de l'aérostat tout complet, avec ses accessoires, 1.250 kilogrammes.

L'aérostat est parti de leur atelier d'Auteuil (Paris), monté des deux frères Tissandier et d'un marin qu'ils chargèrent de la manœuvre du gouvernail ; il est descendu près Croissy-sur-Seine.

Les résultats de cette expérience sont : (avec la vitesse d'une hélice de $2^m,80$ seulement de diamètre, de 180 tours à la minute, produit du moteur électrique d'un travail effectif de 100 kilogrammètres de force), l'aérostat put tenir tête à un vent d'une vitesse de 3 mètres environ à la seconde, et constatation de la grande facilité de se dévier de la ligne du vent en descendant le courant : Ceci est l'expérience de 1883.

En 1884, les frères Tissandier répétèrent leur première expérience de 1883 (évoluant à diverses reprises au-dessus de Paris) et confirmèrent avantageusement les résultats obtenus précédemment ; les résultats de 1884 furent de remonter le courant aérien de 3 mètres de vitesse moyenne à la seconde avec une vitesse propre de 4 mètres à la seconde. (Vent debout ayant une vitesse de 3 à 5 mètres à la seconde environ); ils atterrirent à Marolles-en-Brie, canton de Boissy-Saint-Léger (Seine-et-Oise), distance de 25 kilomètres de leur point de départ.

Par ces expériences, faites de leurs propres deniers (à notre avis), les érudits frères Tissandier dotèrent, enrichirent la science aérostatique, aéronautique, de l'emploi avantageux à la navigation aérienne de la force électrique : (car l'électricité (c'est notre conviction) sera le moteur pratique de la navigation aérienne à l'avenir).

EXPÉRIENCES RENARD, KREBS

En 1884 et 1885, les capitaines Renard, du génie, et Krebs, de l'infanterie, directeurs de l'usine aéronautique militaire de Chalais-Meudon (Paris), exécutèrent plusieurs voyages d'expériences, avec un aérostat allongé (qu'ils construisirent) de la forme d'un fuseau (un peu plus renflé d'un bout), mû comme celui des frères Tissandier par l'électricité, de la longueur environ de 50 mètres et d'un peu plus de 8 mètres de diamètre au milieu ; il cubait environ plus de 1,800 mètres ; le ballon complet, avec tous ses accessoires, pesait 2,000 kilogrammes.

A cet aérostat, de forme fusiforme, était aussi suspendue, comme tous les ballons précédents, par un filet, une nacelle, laquelle portait le moteur électrique, et à laquelle aussi l'hélice propulsive, d'assez grande dimension (7 mètres environ de diamètre), était fixée ; un gouvernail était également assujetti aux cordages et à la nacelle et manœuvré par cordage ; il était aussi muni d'un ballonnet compensateur soufflé par un ventilateur. (Cette expérience (suivant nous) est la répétition des expériences citées ci-dessus, sauf le ballon beaucoup plus allongé, ainsi que sa nacelle).

Les capitaines Renard et Krebs obtinrent pour résultats (lesquels furent communiqués à l'Académie des Sciences) en quelque sorte, (à notre avis), le couronnement de l'œuvre entreprise par Giffard, Dupuy de Lôme et les frères Tissandier, puisque dans deux voyages d'expérience faits successivement dans le même jour, et un troisième auparavant, ils revinrent à leur point de départ (ces voyages formèrent ainsi une courbe fermée), après un parcours de près de 8 kilomètres, effectué en 23 minutes, il est vrai par un temps absolument calme; mais quoique cela, ils prouvent bien (nous disons) que l'hélice est effective que, prenant son appui sur l'air, elle fait propulser l'aérostat.

En 1885, le capitaine Renard, avec le concours de son frère, renouvelèrent cette première expérience ; ils exécutèrent un nouvel essai qui fut suivi aussi des mêmes résultats.

Quelques jours après cette troisième expérience, un autre voyage d'étude fut également entrepris, de même l'aérostat revint avec la même facilité à son point de départ.

Les résultats de ces expériences (qui ont, comme on l'a dit, été communiqués à l'Académie des Sciences), ainsi qu'on lé voit (selon nous), sont des plus satisfaisants, et ont été couronnés d'un plein succès : partir d'un point donné et revenir, après diverses évolutions (d'un parcours volontaire), à son même point de départ (cinq fois sur six, disait dernièrement un journal qui rappelait ces beaux résultats obtenus et désormais acquis) (preuve (disons-nous) démontrée de l'efficacité de l'hélice s'appuyant sur l'air qui résiste, et preuve aussi que celui-ci est un point d'appui très résistant, quoique très mobile : d'ailleurs, comme l'eau, point d'appui bien résistant, nous l'avons déjà dit, qui est aussi un élément très mobile) et pendant ces divers parcours exécutés avec une vitesse de 5 mètres 50 centimètres à la seconde, résister aux courants aériens, aux vents régnant les trois quarts du temps dans le pays. (Ces résultats (disons-nous) ne sont-ils pas convaincants, concluants vraiment !)

Ces expériences, faites par ces savants officiers, par un temps calme il est vrai, n'en sont pas moins victorieuses, et représentent un des plus grands résultats acquis de la science moderne,

(Voici donc, à notre connaissance, le point où en est arrivé, vers la fin du XIXme siècle, la navigation aérienne, le chemin du vrai parcouru, tracé par nos illustres aéronautes, marche à suivre, à continuer à l'avenir, à poursuivre en avant.)

(Assurément, voilà certes du bon engrain,

une précieuse semence qui portera certainement un jour ses fruits.)

(Ces dernières expériences, depuis 1852,
ainsi que celles qui les ont précédées, et qui
ont contribué aux résultats présents, actuels,
acquis, seront sans contredit pour l'avenir le
fanal, le flambeau qui éclairera et guidera
les esprits pour la future navigation aérienne
pratique.)

(Le *Courrier aérien* 1890 est né et est parti
de ces données, de ces résultats acquis ; ils
ont été son point de départ et sa base.)

RECONNAISSANCE

N'est-ce point de la part de l'observateur,
amoureux de la science, un devoir presque,
du moins, une vraie et vive satisfaction devant
un acquit semblable, de pareils résultats,
brillants et sérieux, obtenus, Dieu sait à quel
prix, soit de travail, de généreux efforts et de
sacrifices mêmes de toutes sortes, par ces
humbles, ces savants, ces laborieux travail-
leurs, infatigables, intrépides et téméraires
aéronautes, depuis 1670 et à partir de 1783
jusqu'aujourd'hui 1890, de leur témoigner
publiquement une reconnaissance?

Ne doit-on point s'écrier hautement : Honneur et gloire éternelle à tous ces pionniers de la science, à ces aéronautes hardis, à ces hommes de foi et de conviction qui ont contribué à amener jusqu'ici, jusqu'à ce point, l'aérostation, l'art aérien, la navigation aérienne, c'est-à-dire l'ont démontrée pratiquement pratique ?

ÉTUDE

—

COURRIER AÉRIEN

Breveté S. G. D. G., le 12 juin 1890

—

DOCUMENTS DU BREVET D'INVENTION

COURRIER AÉRIEN

Breveté S. G. D. G., le 12 juin 1890

DOCUMENTS DU BREVET D'INVENTION

DESCRIPTION

(COPIE TEXTUELLE DU BREVET D'INVENTION)

Description du Courrier aérien, *pouvant servir pour tous usages aériens, à la locomotion atmosphérique, notamment pour tous transports aériens dans l'univers (par voie de l'atmosphère) des dépêches, voyageurs, marchandises, etc., etc.*

Ce *Courrier aérien* est un appareil aérostatique particulier, *un tout rigide*, de forme quelconque (une disposition d'ensemble), composée d'un moteur quelconque avec agencement de deux aérostats quelconques, qui consiste à *pouvoir placer* sa traction *ou il plaît*, agissant *directement sans inter-*

2

médiaire, et (si l'on veut) *à son centre même*, pour triompher des résistances à sa marche, *pour monter, descendre*, parcourir *(par ses moteur, propulseurs, gouvernail*, etc., etc.), l'atmosphère en tous sens, *à son gré*. (Figures 1re, 2e et 3e du dessin le représentant.)

Cet appareil aérostatique, de disposition d'ensemble particulière qui le caractérise et lui est propre, que j'appelle *Courrier aérien*, est un agencement formé d'une espèce de cage, espèce de charpente quelconque (portant le moteur), qui s'unit *étroitement* aux deux aérostats, de façon à ne faire *qu'un tout rigide* (bien lesté, équilibré et stable dans l'atmosphère), le *Courrier aérien;* sont assujettis à cette cage, cette charpente, outre le moteur, propulseurs, gouvernail, etc., etc., tous accessoires utiles et nécessaires au service et à l'usage du *Courrier aérien*, avec les dépêches, voyageurs, marchandises, etc., etc., en un mot, c'est le *foyer* du *Courrier; les aérostats n'étant que les flotteurs l'équilibrant* dans l'atmosphère (en effet; car *le plus lourd que l'air, la cage charpente portant moteur, propulseurs gouvernail*, etc., *etc., son moteur cessant (pour une raison ou une autre) de fonctionner sans le secours des aérostats* (qui sont, en même temps *qu'une nécessité, une sûreté), serait condamné infailliblement à subir la loi* (fatale) *de la pesanteur).*

Sans sortir de la disposition d'ensemble qui caractérise le *Courrier aérien,* celui-ci peut-être formé d'un seul aérostat quelconque, de deux (disposés d'une façon quelconque), ou plus si l'on veut, pourvu qu'ils remplissent le même rôle que les deux du *Courrier.* Exemple : S'il n'y a qu'un seul aérostat, la cage ou charpente peut s'y fixer (l'emboîter une partie), au milieu en dessous. S'il y en a deux (par exemple, de forme allongée, fusiforme si l'on veut), la cage charpente peut se placer au milieu entre les deux (les emboîtant en partie), aérostats qui pourraient être placés parallèlement, accouplés par la cage, la charpente même, etc., etc., et ainsi de suite.

Toujours en restant dans la disposition d'ensemble du *Courrier aérien* (si l'on veut) *comme mesure de sûreté,* pour éviter *de compromettre entièrement* son équilibre pouvant causer un danger de chute que pourrait provoquer la rupture d'aérostats (de la manière suivante) : *multiplier le nombre d'aérostats*, et *l'équilibre ne sera compromis jamais que partiellement* (sauf le cas *(feu ou foudre)*, où *tous les aérostats ensemble crèveraient, disparaîtraient à la fois et en même temps, le moteur ne pouvant fonctionner)*. Exemple : Mettre dans l'enveloppe de filets, ou autre quelconque qui emmaillotte chacun des deux aérostats du *Courrier* pour les relier à la cage-charpente, par exemple, dix aérostats (de forme quelconque, reliés ensemble), qui entre eux ne changeraient rien, si l'on veut, à sa forme, sa rigidité ; ces dix aérostats ainsi, ces vingt, plutôt, rempliraient le même rôle, le même but que les deux du *Courrier* ; pour cause quelconque, alors, un aérostat (ou plusieurs) crevant, vu la *multiplicité* d'aérostats qui *divise* le danger, l'équilibre ne serait *compromis que partiellement*. Si, par exemple, cette enveloppe de filets ou autre qui relie à la cage-charpente les aérostats, était une enveloppe étanche et que les aérostats doublés de cette enveloppe supplémentaire soient de même, par filets ou autre enveloppe reliés, à la cage-charpente, un aérostat (ou plusieurs) crevant, *tout danger alors serait écarté*, son gaz n'étant point perdu restant dans l'ampleur (laissée par les interstices des aérostats) de l'enveloppe étanche, que l'on pourrait alors appeler *enveloppe de sûreté* ou enveloppe supplémentaire ; cette enveloppe dite de sûreté elle-même aussi crèverait, qu'il n'en serait pas autrement que s'il n'y en avait pas, c'est-à-dire, comme s'il n'y avait que l'enveloppe filet ou autre, l'équilibre ne serait *compromis que partiellement ;* donc *la multiplicité d'aérostats divisant, diminuant les chances de danger,* est *une mesure de sûreté, une garantie matérielle.*

DÉSIGNATION DESCRIPTIVE

G. — Charpente (de forme quelconque, en fer, bois ou autre matière), espèce de cage, *bâti, pont, plate-forme, lieu, logement,* etc., etc., s'unissant étroitement aux deux aérostats, les emboîtant (une partie), lui servant de trait d'union, et les reliant par leurs filets ou autres enveloppes, servant *de lieu* où sont fixés *les moteurs propulseurs, gouvernail,* etc., etc., tous accessoires possibles quelconques au service et à l'usage du *Courrier,* accessoires de tous genres, nature, nouveaux et anciens, inventions, applications à propos, etc., etc., que je pourrais indiquer, mais qu'il est inutile ici de détailler, de *foyer* pour voyageurs, dépêches, marchandises, etc., etc.

H. — Aérostats de forme quelconque, si l'on veut sphérique, appointis d'un côté (pour faciliter la pénétration dans l'air), emmaillotés (mais libres relativement de leur mouvement), de filets ou autre enveloppe quelconque pour être reliés, unis à la cage-charpente (par des attaches quelconques) pour former l'appareil aérostatique.

I. — Moteur quelconque, représenté ici par un moteur à vapeur quelconque double, faisant agir les propulseurs.

J. — *Propulseur hélicoïdal pour marcher* dans l'atmosphère en avant ou en arrière, selon que l'on tournera de droite à gauche ou de gauche à droite. (Ce propulseur peut être placé de la manière qui convient, et le *nombre* de propulseurs qui convient aussi. Exemple : son arbre, sans sortir, si l'on veut, de l'axe du centre de l'appareil, peut être perpendiculaire (horizontalement) à celui-ci (actionné de même (ou autrement) par deux manivelles) et les propulseurs de chaque côté du milieu du centre de l'appareil à la distance et position qui convient).

K. — *Propulseurs hélicoïdaux pour monter et descendre* dans l'atmosphère, selon qu'ils tourneront de gauche à droite ou de droite à gauche.

L. — Gouvernail et sa barre pour régler la direction : tourner, aller de droite ou de gauche, selon sa manœuvre de droite ou de gauche.

M. — Pieds, *supports de repos* du *Courrier* pour *stationnement sur terre.*

En résumé, je revendique comme mon invention et ma propriété exclusive *la disposition d'ensemble particulière formant un appareil aérostatique, un tout rigide de forme quelconque,* qui le caractérise et lui est propre, appelé *Courrier aérien* que je viens de décrire ; c'est-à-dire *l'union étroite, par moyens quelconques, d'une cage charpente quelconque portant moteur, etc., etc. etc, etc., avec un ou plusieurs aérostats quelconques* formant l'appareil aérostatique, *un tout rigide* de forme quelconque dit *Courrier aérien, dont la traction agissant directement, sans inter-*

médiaire, sur l'appareil aérostatique, peut être placée où il plaît, à son centre même s'il convient ; les moyens possibles et certains, prouvés par l'ancienne pratique d'unir la cage-charpente à l'aérostat ou aux aérostats, peuvent être les mêmes que ceux employés actuellement pour unir, supporter la nacelle et accessoires d'un ancien, d'un aérostat ordinaire, le filet l'unissant, reportant tout le poids sur le dos de l'aérostat ; de même, la cage-charpente et accessoires (nouvelle disposition d'ensemble), *également, le filet (ou autre enveloppe quelconque) l'unit, reporte tout le poids sur le dos de l'aérostat ou des aérostats. — Le feu, la foudre, etc., etc.* (pour les aérostats de *faiblesse* relative pour la résistance à leur marche) étant toujours un danger de la navigation aérienne, malgré toutes dispositions et mesures particulières de sûreté du *Courrier aérien,* je mettrai, au moment de l'application de ce présent *Courrier aérien,* au jour, divers systèmes d'aérostats *métalliques,* à air chaud, vapeur, vide et propulseurs *fluides-pression* (qui feront l'objet d'autres descriptions) qui pourront peut-être approcher de la solution du problème *de la sécurité* de la navigation aérienne. — (Momentanément, l'emploi d'un *moteur électrique* léger relativement et n'offrant pas de danger de feu, ferait une *application parfaite*, d'une *réussite certaine*, du Courrier aérien.

ÉTUDE

COURRIER AÉRIEN

Breveté S. G. D. G., le 12 juin 1890

ANALYSÉ ET COMMENTÉ AVEC OBSERVATIONS ET EXPLICATIONS A L'APPU

(A la portée de tout le monde)

FAISANT TOUCHER DU DOIGT LA CHOSE AU LECTEUR.

NOTRE OPINION PRÉJUGÉE

Cette ingénieuse, cette savante étude pratique de disposition aérostatique *Courrier aérien*, disposition raisonnée, calculée, toute mathématique, que nous venons de parcourir et que nous allons analyser et commenter, par ses importantes révélations et ses nouveaux principes scientifiques, va certainement (à notre avis) jeter un nouveau jour sur l'aérostation elle-même; rompant avec la routine actuelle de cet art, elle lui fera faire assurément (pensons-nous) un grand pas en avant, soit pour la *locomotion* et la *sécurité* dans la pratique de la nouvelle navigation aérienne de l'avenir.

ÉTUDE

ANALYSE

A NOTRE POINT DE VUE

EXPLICATION

Avant de commencer d'analyser le *Courrier aérien* et de le commenter en quelque sorte, nous voulons encore nous expliquer qu'il ne peut y avoir de notre part, dans cet acte, dans cette étude que nous allons entreprendre et développer, certes, aucune prétention quelconque exagérée même, de songer, de vouloir, de traiter de cette question aussi ardue que la navigation aérienne; car, étant donné l'acquis de nos savants et illustres aéronautes, profitant de leurs expériences réalisées, et, partant de ce point donné que la conquête de l'air est faite (que les dernières expériences ont démontré surabondamment qu'un aérostat avec nacelle suspendue se déplace à volonté dans l'atmosphère, par l'hélice propulsive (qui prend appui sur l'air) qu'actionne un moteur quelconque, et qu'avec un gouvernail il est guidé de même), il nous est dès lors, croyons-nous, permis, ainsi qu'à chacun, de chercher à coopérer à la continuation de l'œuvre commune universelle de la navigation aérienne qui, à nos yeux maintenant ou clairvoyante presque sans inconnus pratiques, elle est arrivée, en est réduite et n'est plus qu'une simple question du vrai domaine et pur ressort de la mécanique, où, par conséquent, tout le monde intelligent peut y avoir accès, y travailler utilement même, sans plus besoin (rigoureusement) aujourd'hui (grâce aux aéronautes qui ont préparé le terrain de cette question), d'être praticien de l'atmosphère.

ETUDE

—

Révélations. — Nouveaux principes.

Qu'est-ce qu'est le *Courrier aérien* proprement dit, dans son ensemble ?

Le *Courrier aérien* proprement dit, dans son ensemble, n'est autre qu'une disposition aérostatique, un appareil aérien, représentant *un tout rigide* quelconque.

Comment est composé, formé cet appareil aérostatique, ce tout rigide quelconque qui est le *Courrier aérien* ?

Cet appareil aérostatique, ce tout rigide quelconque, ce *Courrier aérien* est composé, formé simplement d'une charpente quelconque portant le moteur, les propulseurs et le gouvernail quelconque du *Courrier aérien* ; et cette charpente est agencée, reliée étroitement avec un ou plusieurs aérostats, de façon à ne former *qu'un tout rigide* quelconque (tel est le principe fondamental du *Courrier aérien*, de cet appareil aérostatique

quelconque formant un tout rigide) dont la
propriété est de monter, descendre, parcourir
volontairement par sa seule puissance, par
lui-même, sans aucun expédient (par son
moteur actionnant ses hélices propulsives
et par son gouvernail) l'atmosphère dans
tous les sens à son gré (cette propriété, ce
pouvoir propre du *Courrier aérien* lui provient de ce que sa disposition particulière
qui le caractérise comporte plusieurs grands
avantages : d'abord que l'on peut placer, pour
le bien de sa locomotion, sa *traction où il
plaît*, à son centre même (sans crainte de relèvement vertical de l'appareil, lequel, lesté à
cet effet, pour avoir toute la stabilité qui lui
est nécessaire dans l'atmosphère) s'il y a lieu,
à l'endroit le plus convenable pour le mieux
du résultat à obtenir, pour que cette traction
soit complètement effective, que sa force, sa
puissance soit toute employée *utilement;*
ensuite, que *la rigidité* du *Courrier aérien*
(grande facilité et possibilité de la pénétration
de l'air ou diminution des résistances), *son
unité* (ne faisant pas deux objets différents et
distincts provocant des branlements) et *sa
traction agissant directement* (et non par
intermédiaire des cordages du filet, comme

dans l'ancien système) sur le *Courrier aérien* lui-même et à son centre même ; tels aussi sont les grands avantages qui lui procurent et lui assurent *l'entière* utilisation effective de la puissance de sa traction et, par cela même, de faire vaincre, triompher le *Courrier aérien* des résistances à sa marche).

Voilà le *Courrier aérien* dépeint, décrit dans son ensemble.

Ainsi, comme on vient de le voir et comprendre, le *Courrier aérien* (sa forme) peut être modifié de plusieurs manières ; il n'est lui-même que le principe fondamental, il n'est pas un type absolu, unique, invariable ; la disposition la plus pratique pour l'usage, celle qui remplira le mieux les conditions exigées pour sa bonne marche, et dont les résultats seront les plus économiques, sera la meilleure disposition du principe du *Courrier aérien*. (En résumé, le *Courrier aérien* ne se composant que de deux choses, deux objets distincts, d'une charpente et des aérostats, disposer donc de l'un et de l'autre de ces objets ; les disposer ensemble, les combiner pour le meilleur résultat à obtenir, tel est donc alors le *Courrier aérien* lui-même.)

Mesures particulières et révélations diverses.

Afin de ne pas répéter plusieurs fois ce qui a déjà été dit, se reporter à la *Description du Brevet d'invention* ci-avant du *Courrier aérien ;* là on verra qu'il est plusieurs moyens de faire, de former un *Courrier aérien* avec un ou plusieurs aérostats quelconques, tout en restant dans son même principe ; et qu'il est aussi facultatif de placer, fixer, tourner la traction en vue d'y placer *plusieurs hélices,* même de propulsion si l'on veut, et *où l'on veut, sur les côtés mêmes* du *Courrier aérien,* où elles seront les plus utiles, les plus efficaces, etc., etc., etc.

Que l'on peut aussi, comme mesures de sûreté, employer facultativement plusieurs moyens de garantie matérielle, diminuant les chances de danger par la multiplication d'aérostats, etc., etc.

Qu'il est aussi dit, parlant d'accessoires de tous genres, toutes natures, nouveaux et anciens, inventions nouvelles, applications, à-propos, etc., etc. : les accessoires qui pourront constituer le bagage de voyage indispensable du *Courrier aérien,* comme moyens de sauvetage ordinaires en cas de besoin, en cas de danger, peuvent être des ballonnets particuliers *ad hoc* (et autres, etc., etc.) (qui s'apprêteront (ainsi que le et comme le parachute), d'eux-mêmes en descendant, avec l'emploi de la force déterminée par la résistance de l'air, etc., etc., etc.) comme est la barque, la chaloupe du navire que l'on met à l'eau pour le salut des passagers. Chacun s'ingéniera suffisamment à pourvoir à tous ces moyens efficaces divers ; de même, pour la *nuit,* l'éclairage à l'électricité (ou autrement) du *Courrier aérien,* représentant un phare extra-lumineux, serait un sûr garant d'éviter des abordages, des collisions entre navigateurs aériens ; (on pourrait aussi produire un bruit infernal quelconque, tambourinage, carillon ou sifflement continuel permanent, pour éviter ces rencontres la nuit, où l'observation, pas trop facile, pourrait laisser l'inobservation régner un peu en souveraine). *Ces derniers moyens pourraient également s'appliquer à la marine.* De même aussi, afin de maintenir en permanence et d'une façon constante la rigidité des aérostats, l'on pourra, pour remplacer la déperdition de gaz des aérostats, tenir les aérostats toujours bien gonflés en fabriquant le gaz à cet effet sur place, dans le *Courrier aérien* même. Il y est aussi parlé *d'aérostats métalliques* divers, ou propulseurs *fluide-pression*, etc., etc. ; plus loin, nous chercherons à traiter de cette importante question que l'on pourrait appeler : Nouveaux prin cipes révélés.

ETUDE

—

(Révélations, nouveaux principes) (suite).

Qu'est-ce qu'est le *Courrier aérien* analysé, décomposé, détaillé ?

Le *Courrier aérien* analysé, décomposé, détaillé, est un appareil aérostatique, *un tout rigide* quelconque, une machine, une locomotive aérienne qui se tient (de par sa composition) d'elle-même en équilibre dans l'atmosphère, y monte et descend aussi d'elle-même mécaniquement (sans expédients) à volonté, c'est-à-dire sans perdre du gaz de ses aérostats, sans jeu de lest et autres demi, petits et pauvres moyens, par ses hélices

propulsives particulières *ad hoc*, spécialement affectées à cet effet, s'y meut aussi par
elle-même seule en tous sens, à son gré, par
la puissance de son moteur agissant aussi
sur ses hélices propulsives (lesquelles s'ap-
puient sur l'air qui résiste, comme la locomotive des chemins de fer s'appuie par ses
roues motrices sur le rail qui résiste aussi,
et le navire de même, par son hélice qui
s'appuie sur l'eau ; l'air et l'eau, éléments
quoique mobiles, sont très résistants), et par
son gouvernail.

Le *Courrier aérien* par lui-même, au point
de vue propre à l'aérostation n'est autre qu'un
mélange, une alliance, une combinaison, un
agencement du « plus lourd que l'air » (la
charpente ou foyer aérien) et du « plus léger
que l'air » (les aérostats), qui tient de l'un et
de l'autre, combiné des deux (dont l'union
étroite forme et doit former un ensemble, un
tout rigide quelconque qui soit spécifiquement « plus léger que l'air » ou *flotteur* par
conséquent), condition (nous le verrons plus
loin) *indispensable*, absolument nécessaire,
exigée et essentielle, et principale presque du
Courrier aérien.

D'abord, pour rendre la chose intelligible,

il faut savoir ce qu'est, plutôt ce que l'on veut entendre en aérostation par « plus lourd que l'air » et « plus léger que l'air », désignations propres dont personne n'ignore la vraie signification qui est d'ailleurs aussi celle qu'elles représentent.

Le « plus lourd que l'air » (désignation naturelle, vraie, bien nommée, et très claire) en aérostation, dans l'art aérien, est un appareil quelconque, un volume quelconque (dans l'atmosphère), dont le poids total (poids spécifique) est plus lourd que le poids du volume d'air qu'il déplace, et qui, pour cause, tombe, descend, puisque l'air est plus faible que lui (son volume déplacé, moins pesant) ne peut le porter.

Le « plus léger que l'air » (désignation aussi très claire) en aérostation, c'est un appareil quelconque, d'un volume quelconque (dans l'atmosphère) dont le poids total est plus léger que le poids du volume d'air qu'il déplace, et qui, pour cause, monte parce que l'air est plus fort que lui (son volume déplacé plus dense) peut le porter.

Révélations diverses (clairvoyantes).

Ainsi (comme on le voit), dans le *Courrier aérien*, le « plus lourd que l'air » représente le *foyer* même du *Courrier aérien*, l'âme on pourrait dire, c'est-à-dire la charpente qui compose tout le *Courrier aérien* (sauf les aérostats), à laquelle charpente sont fixés, assujettis, moteur, propulseurs, gouvernail, etc., etc. (et tous accessoires), en un mot, la traction du *Courrier*.

Ce foyer du *Courrier aérien*, représentant le « plus lourd que l'air » du *Courrier*, sa traction qui y est assujettie *fonctionnant*, lui permet, au besoin, par lui seul même, par sa disposition particulière, par ses hélices propulsives *ad hoc* spécialement destinées à cet usage, sans le secours des aérostats (lesquels ne sont que de simples flotteurs l'équilibrant seulement dans l'atmosphère) de se maintenir (mécaniquement, on peut dire) en équilibre, rester immobile dans l'espace, dans l'atmosphère, d'y monter, descendre, la parcourir en tous sens à son gré ; mais nous avons dit plus haut, dans le cours de « l'Historique résumé de l'art aérien » ainsi que le mentionne la « Description du brevet du

Courrier », que si, pour une cause ou une autre, le moteur du « plus lourd que l'air » du *Courrier aérien, cessant de fonctionner,* celui-ci, sans le secours des aérostats qui (nous allons le faire comprendre plus loin) sont, en même temps *qu'une nécessité, une sûreté,* serait condamné infailliblement à subir la loi (fatale) de la pesanteur, cela est bien certain puisqu'il est plus lourd que l'air. De même est (comme exemple) l'oiseau qui est aussi lui, un « plus lourd que l'air », s'il vient à être blessé, qu'il ne peut plus alors déployer de la force dont il est animé, qu'il ne peut, par conséquent, plus faire agir ses propulseurs (ses ailes), ainsi que son gouvernail (sa queue) qui lui permettaient ainsi, et comme le *Courrier,* à monter, descendre, parcourir l'atmosphère en tous sens, à son gré, est condamné infailliblemeut (aussi comme le « plus lourd que l'air » du *Courrier aérien* à son malheureux sort), à la loi de la pesanteur, à descendre, tomber sur le sol.

Ainsi (on vient de le voir), dans le *Courrier aérien,* le « plus lourd que l'air », dont il est composé, seul peut au besoin (mécaniquement) sans ses aérostats (le plus léger que l'air), ses adjoints qui lui sont liés, unis et qui servent seulement à l'équilibrer dans l'atmosphère ; seul peut au besoin monter, descendre, parcourir en tous sens, à son gré, l'atmosphère (eh bien) ; ses aérostats, par accident quelconque, crèveraient, se rompraient, disparaîtraient même, qu'il pourrait seul, nous avons dit, se tenir en équilibre dans l'atmosphère et atterrir sain et sauf, sans danger, sans accident, parceque les aérostats ne sont point l'âme du *Courrier*, qu'ils ne sont que les accessoires (nécessité secondaire), les flotteurs appelés, chargés seulement uniquement à le maintenir (le *Courrier*), en permanence en équilibre dans l'atmosphère, nous avons déjà dit (si par exemple, c'était le moteur du « plus lourd que l'air » qui fît défaut avec la ressource du « plus léger que l'air », des aérostats tout danger serait écarté, le *Courrier aérien* pourrait atterrir librement), immense avantage du *Courrier aérien* (condition indispensable même) d'être composé du « plus lourd que l'air » et du « plus léger que l'air », des deux à la fois.

Maintenant, si nous comparons le *Courrier aérien*, bien contraire d'avec les ballons ordinaires actuels avec nacelle suspendue ;

ceux-ci, le ballon crevé, rompu, tout est perdu, parce que dans cette mauvaise disposition aérostatique, le ballon n'est pas que secondaire, au contraire, il est tout, il est l'âme de l'agencement de cet appareil d'aérostation défectueux.

Dans le *Courrier aérien,* le « plus léger que l'air », les aérostats dont leur rôle est nécessaire et important (quoique (cependant) secondaire et borné, celui seulement et simplement de le rendre flotteur, de l'équilibrer dans l'atmosphère), lui économisent par leur pouvoir ascensionnel (de plus léger que l'air), dont ils sont doués, la force de traction nécessaire dont il aurait besoin (le *Courrier)* constamment et en permanence de déployer, développer avec ses hélices propulsives (celles particulières, spécialement destinées, affectées à l'usage seulement de faire monter, descendre le *Courrier* et le maintenir en équilibre) pour simplement se maintenir en équilibre dans l'atmosphère : les aérostats, ou simplement les flotteurs, font donc partie du *Courrier aérien* simplement, comme moyen de le rendre plus léger que l'air, et quand le *Courrier aérien* alors s'élève dans l'atmosphère, c'est avec le concours des aérostats (par leur pouvoir ascensionnel de plus léger que l'air), ils lui aident, par conséquent, seulement à s'élever et à s'équilibrer dans l'atmosphère. Et pour descendre alors, ils sont naturellement (étant plus légers que l'air) *un obstacle sérieux, une résistance* que le *Courrier aérien est obligé de surmonter* alors par la puissance de sa traction agissant sur ses hélices propulsives particulières, spécialement destinées à cet effet, à cet usage.

L'union étroite du « plus lourd que l'air » avec le « plus léger que l'air, » dont le *Courrier aérien* est composé, est faite, nous avons dit, de façon à former *un tout rigide* (condition essentielle, exigée, absolument nécessaire, indispensable même, pour obtenir seule le maximum des résultats effectifs de la traction du *Courrier*, condition exclusive, principale, seule), *rigidité, unité* du *Courrier* (et section transversale la plus faible possible car, dépend d'elle, la plus grande résistance ; la longueur de l'appareil étant insignifiante (pourvu cependant qu'il ne se rompe étant trop long), lui permettant avec le minimum de résistances, la pénétration facile dans l'air (par cela même), lui assure la victoire sur les résistances à sa marche.

Cette union étroite de la charpente, foyer du *Courrier aérien*, avec les aérostats est pratique disons-nous (la vieille expérience l'a démontré), parcequ'elle est faite ainsi, et comme l'union de l'ancien ballon avec sa nacelle, de la même manière, les filets liant à la charpente les aérostats, reportant sur leurs dos le poids de cette charpente (foyer du *Courrier* et de ses accessoires qui y sont assujettis) avec laquelle ils sont liés par des attaches quelconques.

Voilà donc faite sommairement l'analyse du *Courrier aérien* (que nous allons un peu détailler), qui, quoique très restreinte, très résumée, nous démontre suffisamment, surabondamment même, que tel (nous le répétons) doit être indispensablement la teneur, la composition du *Courrier aérien* et son principe fondamental, c'est-à-dire *un tout rigide* (flotteur), tenant du « plus lourd que l'air » et du « plus léger que l'air » (pour, par lui-même (mécaniquement), par ses hélices (*ad hoc*), à cet effet, sans perdre de gaz de ses aérostats, sans jeu de lest et autres pauvres moyens peu efficaces, monter et descendre à volonté dans l'atmosphère et la parcourir en tous sens à son gré), pour l'efficacité, la possibilité même du bien de l'appareil, de la locomotive, du *Courrier aérien*, et que tel aussi doit-il être (le *Courrier aérien*) pour la sûreté et la sécurité dans la navigation aérienne ; et tel même, en effet, est le *Courrier aérien*.

Voici donc que cet aperçu à première vue, premier examen, nous montre immédiatement en quoi diffère le *Courrier aérien* d'avec les ballons ordinaires avec nacelle suspendue (seuls jusqu'ici expérimentés pratiquement, ceux dont nous avons entretenu plus haut, dans l'*Historique de l'art aéronautique*, nos lecteurs) ; différence capitale, totale, entière, qui, comme on vient de le voir, de le lire, assurera certainement le prochain triomphe de l'œuvre grandiose de la pratique de la navigation aérienne pratique.

Ce premier aperçu nous montre donc de suite ces traits distincts du *Courrier aérien* ; les suivants.

Ces traits distincts, particuliers et caractéristiques du *Courrier aérien* (d'avec les ballons avec nacelle suspendue, seuls expérimentés jusqu'ici), avec les avantages qu'il comporte (qui lui sont inhérents) sont :

D'abord, appareil formant *un tout rigide* (flotteurs), lequel permet *de placer sa traction où il plaît* (dans le *Courrier aérien*, le centre de traction est au centre de résistance) ; *cette traction agit directement* (et non indirectement par intermédiaire des cordages de suspension du filet, comme l'ancien système) *sur le Courrier lui-même*, d'où, de cela, découle une économie de force (sur l'ancien système de ballon avec nacelle suspendue, que celui-ci perd, n'utilise, par sa fâcheuse disposition) de plus de 50 pour 0/0, laquelle économie permet de braver les résistances à la marche du *Courrier aérien* (cette économie provient de la meilleure utilisation de la traction par sa disposition heureuse *une* et *rigide* du *Courrier aérien*).

L'on comprend aisément que le ballon avec nacelle suspendue puisse perdre (c'est-à-dire ne puisse utiliser), par sa défectueuse disposition, 50 pour 0/0 de sa force motrice développée ; comme l'on comprendra aussi facilement qu'il en serait de même, par exemple, d'un attelage d'une charrette quelconque, si l'on mettait le cheval à côté de la voiture que l'on voudrait faire conduire, attaché seulement à celle-ci (de loin même), par des cordes, des traits libres mobiles, au lieu d'être attelé dans les limonières rigides (du brancard), qui lui empêchent de se dévier, qui l'emprisonnent et le rendent solidaire avec elle, pour ne faire *qu'un tout rigide* avec la charrette, comme est le *Courrier aérien* ; un tel attelage, assurément, n'utiliserait bien certainement pas (il perdrait plutôt) les 50 pour 0/0 de la force déployée par le cheval : et celui-ci (pour cause) ne parviendrait pas même à conduire sa charrette, il n'arriverait, tout au plus, qu'à la traîner, et encore très difficilement ; ainsi l'on opère (de même), actuellement, dans l'atmosphère (pour la navigation aérienne), avec la triste et seule disposition (momentanément en usage) qui est celle de tous les ballons avec nacelle suspendue ; les seuls, d'ailleurs, expérimentés jusqu'ici.

L'on peut donc comprendre, maintenant,

que le *Courrier aérien,* par sa disposition *d'un tout rigide,* puisse réaliser l'économie de force citée plus haut, et que, par cela même, riche donc et puissant, doive alors vaincre les résistances à sa marche.

Qu'en un mot, *la rigidité, l'unité* de l'appareil, de la machine, de la locomotive aérostatique, le *Courrier Aérien* (avec une faible section transversale) facilite la pénétration dans l'air avec le minumum possible de résistance.

Et que *sa traction, agissant directement* sur l'appareil même (un et rigide, le *Courrier aérien*), *à son centre même* (qui est le centre de résistance) ; (sans crainte du relèvement vertical du *Courrier* qui, d'ailleurs, nous l'avons déjà dit, est stable dans l'atmosphère, lesté qu'il est à cet effet) *sans intermédiaires* indirects, des cordages de la suspension, *toute la puissance* (possible) qu'elle déploie puisse être *utilisée effectivement.*

De cette disposition-ci alors, disposition calculée, raisonnée, heureuse, on peut dire, du *Courrier aérien,* naît l'économie de force de plus de 50 pour % de traction déployée ; force qu'utilise alors, effectivement, utilement, le

Courrier aérien, qui est la force perdue par la non unité, la non rigidité ; (conséquence de la mauvaise et défectueuse application de la traction) de l'ancien système de ballon avec nacelle suspendue : seul système mis en usage dans les dernières expériences de navigation aérienne qui aient été pratiquées et que nous avons relatées.

Dispositions propres

Ensuite. — Appareil formant par lui-même seul, par ses hélices *(ad hoc)* particulières, spécialement destinées (pour cet usage) pour monter, descendre (mécaniquement) à volonté dans l'atmosphère (sans perdre du gaz de ses aérostats, sans jeux de lest et autres expédients tels que ballonnets (compensateur) soufflés etc. etc.) et la parcourir aussi de même en tous sens à son gré. (L'ancien ballon avec nacelle suspendue non munie d'hélices propulsives particulières comme le *Courrier aérien*, spécialement pour (mécaniquement) monter et descendre dans l'atmosphère, éprouve toujours (malgré les petits moyens à sa disposition, les expédients, on peut dire qu'il emploie avec quelque efficacité pour cette opération de descente), de grandes et sérieuses difficultés (pour effectuer ce travail, cette opération), même quelque fois, plutôt souvent, de grands périls, de grands dangers sont imminents).

En résumé, cette disposition aérostatique du *Courrier aérien*, dans son principe, comporte donc, nous l'avons vu dans la « *Description du brevet d'invention*, » certains avantages.

D'abord, celui de donner la forme que l'on veut au *Courrier aérien* par la combinaison du « plus lourd avec le plus léger que l'air » des aérostats avec la charpente du *Courrier*, la meilleure que la pratique démontrera (qui par sa traction sera), la plus effective, efficace.

Ensuite, des moyens de sûreté et de diverses garanties matérielles, par la *multiplication des aérostats* atténuant, diminuant les chances de danger.

De plus, nous l'avons vu, le *Courrier aérien* riche par sa disposition propre, par ses hélices particulières, spécialement affectées pour le faire monter et descendre (mécaniquement) dans l'atmosphère à volonté, y

rester en équilibre au lieu, à l'altitude qu'il
veut s'y maintenir et marcher à volonté
(sans perdre de gaz des aérostats, ni employer
lest et autres expédients déjà nommés pour
cette opération) a l'avantage très important
de lui permettre (contrairement à l'ancien
ballon avec nacelle suspendue qui est obligé
de naviguer dans l'atmosphère à l'altitude où
il se trouve en équilibre) de naviguer à l'altitude qui lui plaît, la plus convenable pour
son service (d'y rester, s'y maintenir station-
naire à volonté), planer, parcourir l'atmosphère à la hauteur qu'il veut, choisir un
courant favorable ou s'éloigner de ceux qui
lui seraient contraires, dangereux ; en un
mot, suivre la zone, la route qui lui convient,
qu'il veut se tracer lui-même (sans se gêner)
à une altitude quelconque, et ensuite descendre librement pour stationner (s'il veut) le
temps qu'il veut et repartir après, quand il
lui plaît ; car les moyens propres du *Courrier
aérien* lui donnent, lui permettent toute commodité, facilité naturelle pour cet usage (faci-
lités naturelles, nous l'avons dit, sans rien
déprimer ses aérostats pour cette opération, ni
employer ces demi-mesures, ces expédients
en usage par l'ancien ballon pour ce résultat

qu'il obtient non sans dangers, sans périls même de toute sortes).

Entre autres avantages du *Courrier aérien*, celui-ci est muni de pieds, de supports de repos pour stationner sur terre, lesquels peuvent être armés d'anneaux, de crochets pour amarrer quelque part au sol, par des cordages, le *Courrier aérien* (sans cependant dédaigner, au surplus, l'ancre incertaine, protectrice, l'ancre du salut qu'il n'y a pas lieu d'exclure, puisque c'est l'espérance dans le désespoir), ainsi que l'on opère pour le bateau (quand il y a lieu de l'amarrer au port ou ailleurs), pendant son stationnement (bien différent, on le voit, est le *Courrier aérien* du ballon ordinaire avec nacelle suspendue, qui ne peut monter, descendre et stationner de même avec une telle facilité).

NOTA. — Ce n'est donc bien, on le comprend assez facilement maintenant, que par *l'unité* et la *rigidité absolue* du *Courrier aérien* et sa *disposition de traction*, que l'on pourra être victorieux des résistances à sa marche, à sa translation ; et ce ne sera bien aussi qu'à cette condition de locomotion que sera dû aussi le triomphe du *Courrier aérien* lui-même, qui, avec ses moyens propres et particuliers, ses hélices propulsives et celles spécialement affectées au seul effet de le faire monter et descendre (mécaniquement) dans l'atmosphère (sans perte de gaz, lest et autres petits moyens peu efficaces), par lui seul même, à son gré, conduiront le *Courrier aérien*, l'amèneront à assurer la pratique même de la navigation aérienne pratique.

Dieu veuille qu'il en soit ainsi.

Voici donc faite la revue du *Courrier aérien*.

Possibilité pratique du Courrier aérien
(démontrée par les Chiffres)

Il nous reste à démontrer par des chiffres la possibilité matérielle, pratique, c'est-à-dire prouver que le *Courrier aérien* est « plus léger que l'air » spécifiquement, et par conséquent peut s'élever naturellement (quoiqu'il le puisse mécaniquement) dans l'atmosphère (s'y maintenir en équilibre, la parcourir en tous sens à son gré et descendre aussi de même par son moteur, ses propulseurs et son gouvernail).

En effet. Le poids total du *Courrier aérien*,

sa charpente portant la machine complète et tous les accessoires, ainsi que les aérostats avec leur enveloppe de filets, n'excède pas le poids du poids du volume d'air qu'il déplace, (par conséquent plus léger que l'air, ne pouvant descendre ni rester en équilibre qu'à égalité de poids, il ne peut que monter, s'élever naturellement dans l'atmosphère).

Prenons par exemple un *Courrier aérien* dont les deux aérostats, d'un diamètre chacun de près de 25 mètres, représentant les deux ensemble un volume d'environ plus de 22,000 mètres cubes, c'est-à-dire cubant chacun 11,000 mètres cubes environ (ne croyez-pas que ces dimensions d'aérostats soient monstres, impossibles, pas pratiques; rappelez-vous (nous avons dit ici) que le ballon de l'Exposition de 1878 cubait à lui seul 25,000 mètres cubes). Ces deux aérostats ensemble représentent (gonflés au gaz hydrogène, de 1 kil. 150 de force ascensionnelle par mètre cube) une puissance, une force ascentionnelle totale de plus de 25,000 kilogrammes.

Eh bien! avec une telle force, un tel poids à disposer, il semble certes que l'on peut faire, que l'on peut entreprendre quelque chose.

Nous avons calculé que le poids d'un *Courrier aérien* seul (sans sa *machine complète*, composée du moteur, propulseurs et gouvernail, et sans aucun *accessoire* ni *voyageurs*) comprenant, ses deux aérostats des dimensions dont nous venons de parler, avec leurs filets, et sa charpente de dimension en rapport avec celles des aérostats, était environ de 10,000 kilogrammes, ci................................... 10,000 k

    50 Voyageurs du poids total environ   3,000 k

    Tous accessoires (lest compris représentant bagages, colis, dépêches), avec un petit excès de force ascensionnelle ; poids total, environ..   2,000 k

                Total....... 15,000 k

Il reste donc, par conséquent, un poids de 10.000 kilogrammes à disposer pour le poids de la *machine complète* (qui comprend moteur, propulseurs et gouvernail.)

Si le moteur est l'électricité, assurément son poids sera faible relativement. Nous nous empressons de suite de dire qu'ici serait bien réellement son application (il a été publié dernièrement par le *Nouvelliste de Lyon* qui le reproduisait le 25 juin, qu'un inventeur avait construit un moteur électrique développant la force de 75 chevaux, du poids de 500 kilogrammes environ).

Ce moteur serait-il, au besoin, la vapeur, qu'un moteur à vapeur même (machine complète, propulseurs et gouvernail) pour une force de 50 à 100 chevaux (de 75 kilogrammètres) à déployer, son poids total n'excèderait pas 10.000 kilogrammes.

Ainsi (est) l'on voit la possibilité pratique du *Courrier aérien*.

Un tel appareil aérostatique, une telle machine aérienne, une telle locomotive atmosphérique (engins d'une telle puissance), le *Courrier aérien*, comportant en lui-même les moyens avantageux de pouvoir disposer et déployer effectivement, utilement (avec le moins de résistance possible), dépenser une telle force, sont rassurants pour l'avenir, de la possibilité, de la pratique désormais de la navigation aérienne pratique.

Le *Courrier aérien*, disons-nous, pouvant disposer d'une telle force, laquelle force du *Courrier*, de par sa disposition particulière (vraie disposition utilisant totalement, exclusivement, la force effective développée par sa traction, grâce à son *unité*, sa *rigidité*, et que *son centre de traction* agit *directement* (sans intermédiaire) au *centre même de résistance du Courrier aérien)* pourra (malgré qu'il soit spécifiquement plus léger que l'air) certainement résister, remonter avec une certaine vitesse (laquelle sera accrue de celle du courant (vent) lorsqu'il lui *sera favorable)* les courants de 40 et de 100 kilomètres à l'heure (assez fréquents) les plus puissants courants connus (avec une vitesse ainsi, le tour du monde serait effectué en moins de 10 jours) (il y a les tempêtes aériennes exceptionnelles dont il est difficile de déterminer l'intensité, la puissance, la violence, l'impétuosité). (Malgré qu'il fût dit à une époque que « pour lutter contre l'air, il faut être spécifiquement plus lourd que l'air » (paradoxe d'hier, suranné déjà, dont nous reparlerons plus loin). Le *Courrier aérien* pourra, quoiqu'il soit spécifiquement plus léger que l'air (flotteur par conséquent) remonter les courants, comme le bateau à vapeur (à hélice) de rivière, de fleuve, remonte (quoiqu'il soit lui aussi plus léger que l'eau dans laquelle il se meut) les courants quoique rapides.)

Tempêtes aériennes (Prévision), révélations.

Dans un tel cas de trouble subit de l'atmosphère, le *Courrier aérien* se trouvant, par exemple, dans l'atmosphère, en cours de voyage, surpris au moment d'un tel accident atmosphérique, d'une pareille tourmente épouvantable, d'un cyclone de violence sans nom, la conduite à tenir de l'aéronaute, son rôle de sauvegarde à jouer en pareil cas est tout tracé : il doit (étant connu que le ballon avec sa nacelle dans l'atmosphère, faisant en quelque sorte partie du courant du milieu qui l'entoure, y étant enclavé, n'éprouve, ne ressent aucune pression du vent, l'aéronaute ignorant même, s'il n'apercevait quelques points de la terre, s'il marche, malgré qu'il est emporté violemment par le vent, comme le navire entre ciel et mer, qui n'entrevoit plus la terre, le rivage, le passager ne sait aussi s'il avance, s'il fait de route (quoiqu'il marche cependant avec une fière vitesse), il croit rester en place) voyant qu'il va y avoir du danger à chercher à résister, à chercher même à descendre, l'aéronaute, disons-nous, doit prendre son parti, accepter la situation faite et cesser immédiatement de continuer de lutter en désespéré contre l'inconnu, il doit arrêter instantanément son moteur pour se trouver en parfaite immobilité dans le courant impétueux, s'abandonnant dès lors complètement, en pleine confiance, à la perturbation atmosphérique, le *Courrier aérien* alors en sera quitte, comme autrefois du temps des primitifs navires à voiles, de faire du chemin perdu, si l'accident, l'ouragan toutefois ne le dirige du côté (du but) du port : de cette façon, le *Courrier aérien* aura évité (sans aucune avarie), plutôt tout danger aura été ainsi écarté (la force relative de résistance des aérostats en étoffe lui faisant un devoir de prudence de ne point agir dans ces tempêtes, crises dont la force, la violence, est inconnue.)

Moteur électrique (pratique).

Nous rappelons que nous avons dit plus haut, dans la fin de la « Description du brevet d'invention » que, momentanément, l'emploi pour le *Courrier aérien* d'un moteur électrique très léger relativement et ne présentant pas de danger de feu, serait une application parfaite et assurerait au *Courrier aérien* (riche disposition aérostatique) une réussite certaine : Cela semble paraître maintenant par les chiffres, suffisamment démontré.

(Exposé de) nouveaux principes et sécurité de la future locomotion aérienne.

Dans la « Description du brevet d'invention du *Courrier aérien* » ci-avant, nous avons donné à comprendre que les aérostats en étoffe d'eux-mêmes n'étaient que d'une résistance relative d'abord, qu'ensuite, combustibles de nature et pleins de gaz, aussi combustibles, la sécurité n'était pas complète (avec le danger du feu et de la foudre) dans la navigation aérienne, cela est très vrai, mais cependant (momentanément), les aérostats actuels sont pratiques, leur longue et vieille expérience l'a largement démontré. (Dieu merci, les exemples de rupture d'aérostats ne sont pas nombreux), mais la persévérance dans le progrès de la pratique de la navigation aérienne, sans aucun doute, nous conduira, nous obligera même à la découverte d'appareils aériens pouvant lui donner la sécurité parfaite, absolue et complète (qui lui manque et lui fait un peu défaut actuellement.)

Des aérostats incombustibles, métalliques, par exemple, offriraient cette résistance et cette sécurité ; afin de les équilibrer dans l'atmosphère, de les rendre aériens « plus légers que l'air », plutôt qu'ils puissent s'élever en l'air d'eux-mêmes, être flotteurs, en d'autres termes, tout en étant beaucoup « plus lourds que l'air » ; ces aérostats pourraient, devraient être eux-mêmes alors, à la fois : un *Courrier aérien*, et *moteur-propulseur* en même temps, c'est-à-dire un « appareil (automoteur) » chargé d'un fluide quelconque qui se renouvellerait, se reproduirait *constamment*, continuellement; par exemple, d'air échauffé, gaz, vapeur quelconque (ou le vide) qui feraient la force, la puissance, le propulseur, par leur échappement (de l'appareil) pressant sur l'air de l'atmosphère qui sert d'appui (comme il sert au propulseur hélicoïdal) pour, de cette façon, propulser en tous sens dans l'atmosphère (tout le monde connaît la puissance, la force de pression de tension des fluides élastiques comme la vapeur surtout, air comprimé, air chaud, gaz, poudre, etc., etc., leur puissant pouvoir expansif de détente) ; un exemple : la fusée de l'artificier avec sa longue baguette est un « plus lourd que l'air », sa poudre, aussitôt enflammée par la force de détente de son gaz, *s'appuyant* sur l'air (qui, celui-ci quoique aussi très mobile, très élastique lui-même, résiste cependant bien suffisamment) ne fait-elle pas propulser cette fusée et sa baguette déjà lourde avec intensité et une grande vitesse ; il en est de même de tous les fluides élastiques.

(On pardonnera, on excusera les trop nombreuses répétitions obligées, nécessaires même, dans tout onvrage scientifique, pour rendre compréhensible le sujet à traiter, et en mieux remarquer, retenir les points saillants, principaux et particuliers (bien différent d'un ouvrage d'histoire où la fréquence de la répétition n'est point admise, pas même tolérée.)

COMMENTAIRES

A NOTRE POINT DE VUE

RÉVÉLATIONS

Sans vouloir critiquer l'art, ce qu'il (par expérience, nous ne l'ignorons pas) est toujours plus facile de faire plutôt que de le connaître, et surtout de le pratiquer.

Nous voulons parler, en général, de ce que nous pensons, croyons, ce qu'il nous semble être certaines erreurs qui se commettent journellement en toutes choses et partout, qui très souvent se perpétuent, se continuent quoique et malgré même de grands talents, et que l'on procède même avec une grande science ; mais il existe chez l'homme cet esprit de suite (qui est inné chez lui) de ce qui est déjà fait, de ce qui existe, qui est une espèce d'atttraction presque insurmontable, qu'il est toujours très difficile et surtout très long de se départir, bien souvent des siècles se passent sans qu'il soit possible de sortir de cette espèce d'engourdissement, d'ouvrir les yeux au vrai, à la vérité ; quelquefois, c'est le hasard seul, et souvent même c'est un étranger à la chose, qui n'a, par conséquent, pas la pratique de ce que nous voulons appeler la routine, qui est l'auteur de cette rupture, de cette vieille manière d'opérer.

Nous voulons parler ici, d'abord (toujours à notre point de vue bien entendu), de cette défectueuse, de cette déplorable manière d'opérer (selon nous) de ce défectueux instrument de « ballon avec nacelle suspendue » dont jusqu'ici, seul mis en usage, on s'est servi pour expérimenter la pratique de la navigation aérienne. Ensuite, à quoi a tenu sans doute cette étrange, cette singulière manière de procéder ainsi, qui s'est perpétuée, s'est continuée depuis plus d'un siècle, que le ballon, l'aérostat a été découvert jusqu'à maintenant ?

C'est vrai, l'on serait presque tenté de penser, que le vrai sens n'a pas présidé, n'a pas guidé ceux qui ont pratiqué cet art si difficile, ce problème de la navigation aérienne, si, nous l'avons dit tout de suite,

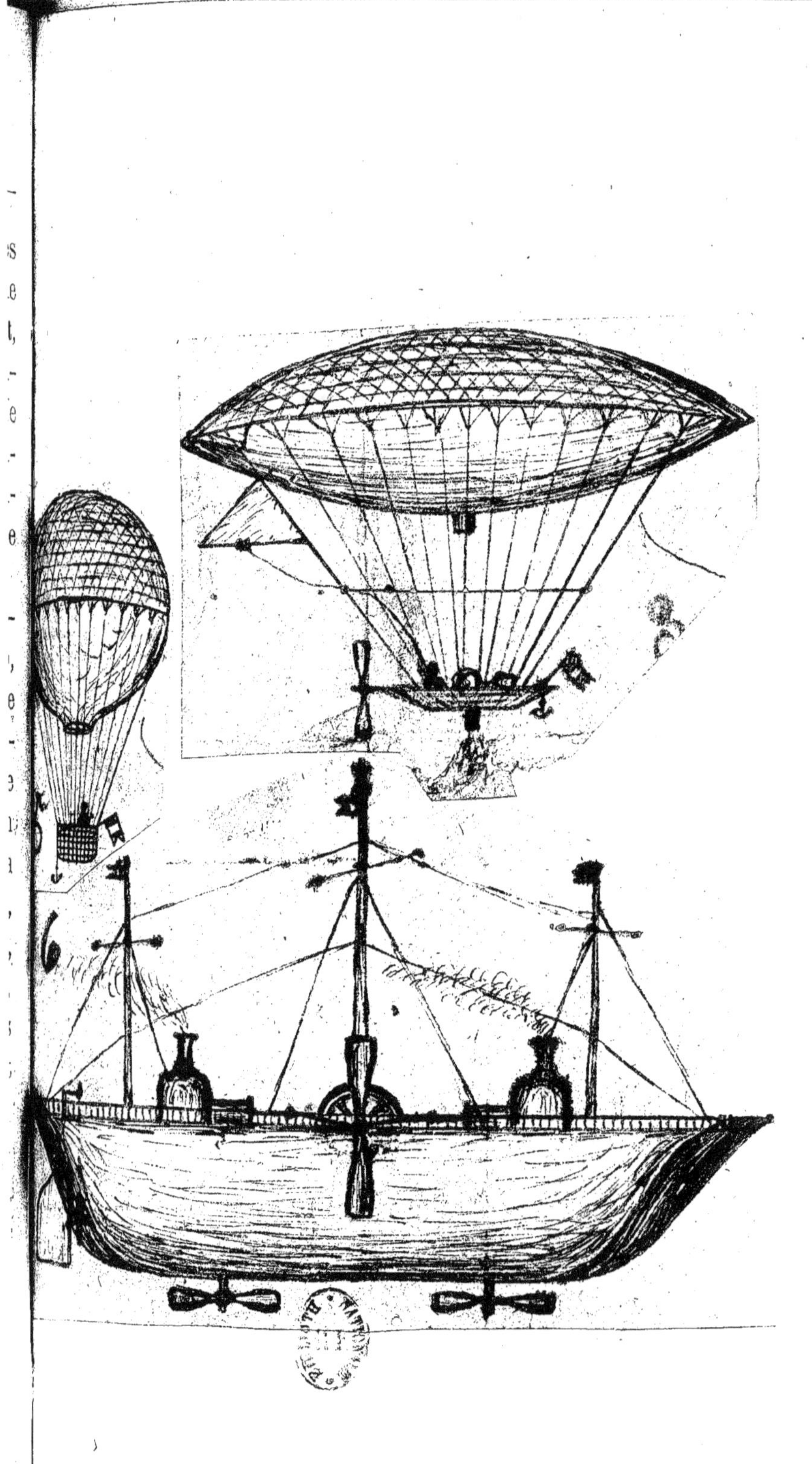

l l (s a é d a l a c s n l' e d p r p d s d g

l'inévitable routine à laquelle personne n'échappe, croyons-nous, n'en était cause.

En effet, qu'est-il arrivé au moment de la découverte des ballons, tout au début (pensons-nous : quelle histoire a bien pu se passer)?

A ce moment (de l'origine des ballons) assurément, on n'a pas eu sans doute (à cette époque), l'intention immédiate de naviguer, de parcourir en tous sens l'atmosphère, absolument non. Si c'eût été premièrement l'intention de naviguer, on aurait fait, on aurait opéré tout autrement : on aurait construit un instrument, un appareil *ad hoc*, spécialement destiné pour cet usage, pour naviguer ; un appareil pour naviguer dans l'atmosphère à peu près comme ce qui existe pour naviguer sur l'eau, une forme de bateau, une espèce de navire (comme pour parcourir la terre l'on fait une char--rette, une locomotive etc., etc.), et non un pareil appareil informe, disloqué, branlant, démonté on pourrait dire (ballon avec nacelle suspendue).

Tandis, au contraire, en premier lieu, on découvre le ballon, l'aérostat, un objet, un globe simplement « plus léger que l'air » qui n'a pas d'autres propriétés que le seul pouvoir de par son poids spécifique, simplement de s'élever dans l'atmosphère, pour ensuite s'y équilibrer, puis rester inerte de lui-même, être le jouet de l'air, des courants atmosphériques, être à leur disposition, en un mot et c'est tout simplement que cela, pas autre chose.

Plus tard, vint ensuite il est vrai, immédiatement, l'idée toute naturelle d'ailleurs, d'utiliser cette merveille, cette superbe découverte du ballon, de s'en servir pour parcourir l'atmosphère.

Quoi d'abord, il fallut que cet aérostat, ce ballon soit accessible à l'homme, que celui-ci puisse le monter ; et pour cela on employa très ingénieusement le filet jetté sur (ce ballon, ce globe) l'aérostat et l'on y attacha, plutôt l'on y suspendit au bas un panier dans lequel se mit l'aéronaute, moyen ingénieux nous le répétons, unique presque (on ne pouvait opérer trop autrement, ne pouvant se mettre dans l'aérostat on ne pouvait que se fixer, s'y lier, s'y attacher, s'y suspendre en dehors), qui avait pour bon effet, d'abord de le lester (le ballon) très convenablement, pour être stable dans l'atmosphère de par un bon centre de gravité.

Ce premier résultat obtenu (nous avons dit dans l'*Historique de l'art aérien*), on songea à se diriger dans l'atmosphère. Après bien des tergiversations, des écarts, des égarements même, car l'on croyait que l'aérostat pourrait se diriger de lui-même naturellement dans l'atmosphère, par divers artifices d'atermoiements. On comprit alors, à ce moment, un peu tard, mais on comprit bien nettement que (comme toute chose), l'inertie du ballon dans l'atmosphère ne pouvait être vaincue ; le ballon mis en mouvement que par une force étrangère quelconque (un moteur) qui vienne le réveiller de sa torpeur, de son engourdissement naturel dans l'atmosphère (pas plus qu'un homme ne sachant nager (propulser), inerte par conséquent, qui est plongé dans l'eau en suspend (quoique vivant), ne peut seul de lui-même se monter à la surface (de l'eau) malgré ses désirs, sans le secours d'une force (quelconque), étrangère à la sienne, dût-il même se porter par les cheveux, croyant pouvoir s'élever (moyen assez gai) qu'il n'y parviendrait pas. Alors, à ce moment, encore naturellement, très naturellement (on avait alors le ballon avec sa nacelle suspendue) on commença (voilà le point de départ de la routine dans la navigation aérienne, qui est de ne pas avoir pensé, songé à ce moment, avant de ne rien entreprendre, à se demander ce que l'on devait faire pour naviguer : la réponse eut été alors que l'on devait faire un instrument *(ad hoc* particulier pour cet usage), pour naviguer, un bateau, un navire, et non faire d'un appareil existant, un appareil qui n'est ni chien, ni loup, (de cet appareil baroque), l'improviser bateau, navire, sans en avoir ni la forme, ni la disposition) de cette nacelle où l'on s'était établi, installé, à chercher à diriger le ballon : on y fixe d'abord (nous l'avons dit), des voiles, des ailes, des rames, des roues en hélice, etc., etc., moyens factices impuissants ; ensuite on y fixa la prédestinée, la sainte hélice (ainsi l'appelait un illustre mathématicien) actionnée, mise en mouvement par un moteur qui fit alors propulser très efficacement la nacelle : laquelle nacelle alors tirait, traînait par les cordages (les ficelles on pourrait dire), du filet duquel elle était suspendue, le ballon qui avait l'air de ne pas vouloir la suivre et qui, cependant, la suivait de force, mais alors paraissait fort mécontent, assez contrarié, tout confi tout tordu, s'inclinant par la force, finissant malgré par céder, par obéir difficilement (à cause de ce mauvais agencement). On y fixa également, ainsi qu'aux cordages du filet, le gouvernail qui fut aussi, lui, très efficace.

Ainsi, de cette façon, se passèrent les choses (nous avons vraisemblablement tout lieu de le penser, de le croire). On continua, on suivit pendant plus d'un siècle cette même manière (déplorable) de procéder (ce que nous pensons, et ce que nous appelons des errements, vieille routine apparaissant toujours en toutes choses, contagieuse routine barrant toujours toutes les routes), tout en la modifiant, la perfectionnant cependant, sans toutefois sortir de la même, de la primitive voie tracée. Pourquoi, en effet, parce que nous l'avons dit au commencement de cette critique (croyons-nous), si la première découverte, le point de départ, le premier but eût été de chercher à naviguer dans l'atmosphère, on aurait opéré tout autrement ; tandis qu'au contraire, la première découverte fut le ballon (ballon qui ne devait qu'être l'accessoire, l'expédient, on pourrait dire, pour rendre plus léger que l'air l'appareil, le bateau qui devait servir à naviguer), on se servit alors du ballon *(parce qu'on l'avait, point de départ de toute routine)* comme le vrai appareil pour naviguer, l'âme de la chose (de là, l'erreur ; la routine étant un exemple toujours contagieux), ballon pentelant avec sa nacelle suspendue, appareil impossible de navigation aérienne actuelle, que la triste routine a amené jusqu'à nous.

(Si la routine contagieuse (nous répétons), mauvais guide que l'exemple, influence toujours qui masque, voile, cache et barre toujours le vrai chemin, n'était point là pour excuser la chose d'être (d'après nous) si longtemps restée dans l'ornière, dans l'engourdissement, on ne pourrait (selon nous) point s'expliquer (ce que nous appelons ces pareils errements qui ne pourraient être commis et continués, confirmés, approuvés (d'apparence seulement par des sommités de la science).

En effet, nous le répétons, peut-il y avoir

quelques raisons de songer (même un seul instant) à vouloir continuer, vouloir persévérer à diriger avec *effet utile* un ballon, par sa nacelle branlante, pentelante (appareil disloqué, démonté même, avons nous dit), qui lui est suspendue par des cordages mobiles, éloignés même de plusieurs mètres, appareil sans solution de continuité, sans esprit de suite, sans aucune cohésion même, sans la moindre *unité, rigidité* même quelconque, dont la traction dans de pareilles conditions de disposition est, et doit être si peu efficace, presque nulle (toute absorbée qu'elle est par les tiraillements de ce mauvais appareil).

Non assurément, c'est notre conviction (à notre manière de voir), il ne peut y avoir la moindre raison à continuer dans cette voie, dans ces conditions, la pratique de la navigation aérienne : les yeux (la routine, croyons-nous, rompue) vont sans doute s'ouvrir maintenant au nouveau jour à la clarté dévoilée et, ainsi guidés, pensonsnous, conduiront certainement l'homme laborieux au bon chemin, dans la vraie voie de la pratique de la navigation aérienne à l'avenir.

Disposition particulière.

Nous voulons parler aussi de la disposition propre toute particulière que comporte le *Courrier aérien* : celle de pouvoir lui-même mécaniquement, par lui seul (par ses hélices propulsives *(ad hoc)* destinées spécialement à cet effet) monter, descendre facilement et commodément dans l'atmosphère, s'y tenir en équilibre, c'est-à-dire rester immobile dans l'espace, à volonté, sans le secours d'aucuns moyens étrangers et expédients (tels que perte de gaz, jeu de lest ou autres, etc., etc.). Cette disposition représente un des plus grands avantages du *Courrier aérien*, un des plus grands moyens pour rendre possible la navigation aérienne (moyens que nous avons décrits dans l'*Analyse*). Ce grand avantage moyen particulier du *Courrier aérien* qui lui est propre, non seulement permet, rend la possibilité de la navigation aérienne commode, facile, pratique, puisqu'il lui permet aussi de naviguer dans l'atmosphère à la hauteur, à l'altitude qui lui plaît, la plus convenable, selon les courants, à sa marche (avantage immense, sans prix) mais encore il supprime complètement tous les inconvénients, tous les dangers, les périls même, attachés, inhérents à l'ancien mode, à l'ancienne, à l'impossible méthode qu'emploie encore actuellement, pour descendre, le ballon actuel avec nacelle suspendue; opération de descente, avons-nous dit, toujours grosse de dangers et de périls imminents. En effet, qu'appréhende l'aéronaute lorsqu'il veut faire un voyage aérien avant même de s'embarquer, avant le départ? Il appréhende, il redoute, il a peur, il craint le danger qu'il va courir pour descendre, pour atterrir (de même, et comme le malheureux ouvrier qui va monter très haut sur un échaffaudage imparfait pour travailler, craint d'avance, avant d'y monter même (soupçonnant, incertain de savoir si l'échaffaudage venait à s'effondrer, s'écrouler, céder, se rompre), l'atterrissage qu'il en résulterait. Ainsi (toujours et de même), l'aéronaute, toutes les fois qu'il va monter, ne sait pas s'il pourra, plutôt comment il pourra descendre; son ballon (n'ayant pas, étant dépourvu, dénué même de tous moyens propres, *pratiques* pouvant lui assurer une descente sûre, certaine, parfaite; moyens, garanties lui évitant, dès lors, tout danger pour descendre), n'ayant, comme le *Courrier aérien*, la facilité, les moyens de commodité sûrs et certains pour *descendre graduellement* à son gré jusqu'à terre, où il peut stationner à loisir, ammaré par ses anneaux d'accrochage, pour repartir ensuite quand il lui plaît; en un mot, comme le navire sur mer et le wagon, la locomotive sur terre.

Vraiment, l'on est bien à se demander comment, depuis si longtemps que les ballons existent, l'on a pas songé à employer un moyen *mécanique* d'une obéissance assurée, fidèle, commode et facile comme celui du *Courrier aérien* qui écarte tout danger pour l'opération de descente, surtout pour atterrir, afin de ne point toujours être obligé d'affronter en (brave) le péril, presque certain, toutes les fois qu'il fallait descendre; surtout du moment qu'on se servait déjà de l'hélice pour propulser en avant et en arrière. Comment ne pensa-t-on pas à se servir de l'hélice pour propulser de haut en bas et de bas en haut, comme le *Courrier aérien?*

Assurément, si l'on s'est privé aussi longtemps, jusqu'à maintenant même, d'un tel avantage aussi indispensable qui eût évité

bien des ennuis et même des accidents à tant
d'aéronautes, c'est bien certainement, pensons-nous, encore l'effet de cette inévitable
routine, dont pour elle la durée de plusieurs
siècles n'est même rien, ni l'effraie, ni
même la dépite le moins du monde.

NOTES CORRÉLATIVES

avec

L'INDUSTRIE ET LA MARINE

———

Avant d'arriver aux conclusions, nous voudrions dire quelques mots ayant quelques corrélations avec l'objet de notre ouvrage, nous voulons parler de certaines applications du « plus léger que l'air et l'eau » et autres à l'industrie comme à la marine.

———

Application à l'Industrie
du » plus léger que l'air et l'eau » et autres.

L'aérostat, proprement dit un « plus léger que l'air, » pourrait avoir diverses applications dans l'industrie, partout où son économie et son avantage le désigneront. Il pourrait être employé comme *moteur* sous différentes dispositions : par exemple, il pourrait

très bien servir *d'ascenseur* (guidé bien entendu), pour si l'on veut monter à n'importe
quel sommet, au sommet de la tour Eiffel
par exemple ; placé à son axe ou sur le côté,
pourvu qu'il soit guidé (la cage au moins),
verticalement ou incliné, n'importe, cela ne
fait aucun inconvénient ; il redescendrait
presque (par un truc-moteur de compensa-
tion) (sans grande perte de gaz pour
chaque ascension) par l'accumulation (mécanique) en montant (d'air comprimé, par
exemple) du produit de la récupération d'un
excès de force ascensionnelle de l'aérostat.

Il pourrait de même, et presque de la même
façon, servir (l'aérostat) à monter un *wagon-
cage*, sur un câble roulant et guidé auquel il
serait attaché, jusqu'au sommet (si l'on veut)
du Mont–Blanc ou autre hauteur quelconque,
et redescendre à très peu près de la même
façon que ci–devant, ainsi de suite pour
diverses autres applications à peu près du
même genre, remplaçant des *ficelles funicu-
laires* à pente rapide établies extérieurement
sur la face ou côté de la colline, par un câble
double sans fin auquel il serait relié (l'aérostat) à la façon à peu près des trailles pour
bateaux (galets d'un grand diamêtre).

Un grand nombre d'applications particulières, que nous pourrions citer, des lieux très élevés dont le voyage extérieurement, sur la face de la colline (par des aérostats reliés à un câble) serait bien plus agréable pour le voyageur, visiteur ou touriste que le funiculaire.

On pourrait aussi employer l'aérostat dans certaines circonstances où son volume ne serait pas un obstacle trop considérable, comme *allège* ou *aide-moteur* quelconque, par exemple pour diminuer le poids mort spécifique ou poids total de certains transports, soit horizontalement, soit incliné ou verticalement dans une foule de cas, partout où cette application pourrait rendre de très grands services.

On pourrait aussi, dans certains cas difficiles où la vapeur, l'électricité, etc., etc., ne pourraient être employées, y substituer l'aérostat comme *vrai moteur*, mettant en mouvement une machine quelconque; l'aérostat dans ce cas de *vrai moteur* produirait le va et vient de la machine, à peu près dans les mêmes circonstances que nous avons indiquées au début pour l'ascenseur guidé.

Il pourrait en être identiquement et aussi

à peu près de même du « plus léger que
l'eau », la force ascensionnelle de l'objet
plongé dans un fluide quelconque, eau, mer-
cure, etc., etc., force connue sous le nom de
poussée (verticale) *du liquide,* qui pourrait
être employé avec grand avantage dans une
foule de cas dans l'industrie ; dans certaines
pompes, par exemple, *à traction directe,* où
le moteur ne doit agir que pour remonter le
piston, (celui-ci redescendant seul par son
propre poids), dans bien d'autres circonstances serait-il aussi une bonne application ?
Dans les *manœuvres hydrauliques,* son emploi remplacerait avantageusement les crics,
vérins, leviers quelconques, enfin les engins
les plus puissants employés sur mer et
ailleurs.

(Suite) Magnétisme, Aimant, Electricité.

Des *machines attractives* dérivant de ces
données pourraient aussi être faites, utilisant
ainsi cette terrible force ascensionnelle de la
poussée du fluide (machines compensatrices
(pour le retour), bien entendu), et donner
avec des résultats certains de très grands
avantages.

On pourrait aussi marier à ces dernières machines, *l'électricité*, *l'aimentation*, *le magnétisme*, ces *machines attractives*, *automotrices*, que l'on pourrait ainsi nommer, à cause qu'elles pourraient *produire* des résultats des effets de *déplacement prodigieux* dans l'atmosphère et l'onde, et servir, par conséquent, à aider, surtout suppléer à la grande cause qui nous préoccupe ici, à la cause du « plus léger qu'un fluide quelconque »; (c'est-à-dire qu'un objet quelconque, lequel serait la machine même *(plus lourd que l'air* alors), pourrait se déplacer *lui-même* d'un point (de terre) donné à un point déterminé quelconque (de terre aussi) par la voie de l'atmosphère ou de l'eau).

Application à la Marine.

La dernière et récente catastrophe de l'*Utopia* entre mille, malheureusement, vient nous fournir l'occasion de parler encore du « plus léger que l'air et l'eau » et nous en faire comprendre l'utilité, sinon on pourrait dire la nécessité même, employés comme moyen de sauvetage pour les passagers dans les naufrages.

Cette sécurité, pour ainsi dire, dans la navigation qu'apporterait le « plus léger que le fluide » que nous allons développer, semblerait supprimer les innombrables victimes de si fréquents et grands naufrages de nos jours, où tout est à jamais perdu corps et biens, peut-on dire, sans le moindre espoir de se sauver lorsque ces terribles et épouvantables catastrophes se produisent. Cependant, Dieu, la Providence même, ne laisse jamais l'homme, dont il ne veut la mort, sans espoir (en effet, combien partout n'a-t-il pas pris le soin particulier de placer toujours le remède à côté du mal) et par là, lui donner en toutes circonstances, toujours les moyens de salut, et dans le cas présent, celui qui nous occupe, et dont nous voulons dire un mot, il laisse encore au passager menacé de sombrer avec son navire, avec l'espérance, les moyens *in extremis* de se sauver : ceux dont nous allons donner quelques explications.

D'abord pour cela dirait le poëte : puisque à cette heure malheureuse fatale de naufrage, rien plus ne peut nous protéger et nous porter sur cette Onde amère pour nous permettre d'atteindre la rive heureuse (San-

Salvador) : puisque ce terrible et maudit élément pour nous engloutir, nous refuse tout secours! Hé bien! à ce moment suprême ou Dieu, les yeux fixés sur ses enfants en péril, pour les inspirer redit le poëte : puisque cette voie de l'eau ingrate à ce moment nous est fermée, nous irons, nous nous sauverons par la voie du ciel (l'atmosphère), plus clément qui nous reste ouvert, emportés par des aérostats bienveillants, obéissants et fidèles, trouver au plus près ce rivage béni (chacun sait que les aérostats, par leur immense volume, ne peuvent qu'être de vrais obstacles à la marche du navire et quel nombre de passagers d'ailleurs emporteraient-ils).

Ensuite à notre tour disons-nous : Cette dernière et épouvantable catastrophe de l' « Utopia » nous oblige en quelque sorte à étudier les moyens paraissant pratiques, pouvant remédier à une telle et aussi triste situation que lorsque le vaisseau, par une cause ou l'autre, sombre, tout est perdu ou à peu près ; nous avons parlé au début de cet article du « plus léger que le fluide », spécifiquement ou l'emploi des moyens à peu près semblables, ce sont ces moyens que

nous voulons essayer de soumettre et que
nous allons intituler comme suit :

Sécurité dans la navigation

Plus de victimes dans les naufrages, avec les Faux-
ponts-flotteurs, *ou* Radeaux de salut, *simplement
déposés sur le* Pont *même du navire.*

(Nota). — Nous avons adressé cet article au *Nouvelliste de Lyon* pour le publier, quelques jours après
la catastrophe de l' « *Utopia* », le 25 mars 1891.

Pour que désormais, voulons-nous dire
il n'y ait plus de victimes dans les naufrages, il faut munir les parties disponibles
du *Pont* des navires ou bateaux quelconque,
de *Faux-ponts flotteurs* (que l'on pourrait
appeler *Radeaux de salut)*, simplement déposés (sans aucune attache quelconque,
libres complètement), sur le pont même
du navire, afin que quand le bateau sombre, les *Faux-ponts*, eux qui sont *flotteurs,*
libres de toutes attaches et indépendants,
en quelque sorte du navire même et sur
lesquels sont les passagers, etc., etc., ne
suivent le même chemin que le navire,
qu'à ce moment de séparation dont le bateau se précipite dans l'abîme, les *Faux-*

ponts étant *flotteurs* restent, surnagent à la surface de l'eau *flottants*, et qu'ensuite au besoin à force de rames ils abordent quelque part.

EXEMPLE

Ces *Faux-ponts-flotteurs*, ces *Radeaux de salut* (peuvent être métalliques ou autrement), seront formés de tronçons de tubes fermés (en tôle mince de fer galvanisé), reliés entre-eux assez librement par des attaches quelconques (afin que le *Radeau* soit flexible pour subir sans crever, les inflexions de la surface de l'eau) et recouverts d'un plancher en lames de sapin ; (ces *Radeaux* peuvent être entourés de barrières garde-fous).

EXEMPLE

Un *Faux-pont-flotteur*, *Radeau de salut* d'environ 20 mètres de longueur, sur 15 mètres de largeur, en deux ou quatre pièces si l'on veut, représente une surface de 300 mètres carrés ; 1 métre carré de surface de radeau peut recevoir 4 hommes ; par conséquent, 300 mètres carrés de surface de radeau, pourront recevoir 1.200 hommes, etc., etc. (chiffre déjà respectable pour des radeaux de faible dimention).

Un homme pèse (poids moyen), 55 kilogrammes ; 4 hommes alors (au mètre carré) pèseront *220* kilogrammes.

Un mètre carré de surface de radeau en tubes de 60 centimètres de diamètre, en tôle de 2 millimètres d'épaisseur pèsera *130* kilogrammes.

Un mètre carré de surface de radeau déplacera 500 décimètres cubes d'eau, soit *500* kilogrammes.

Par conséquent, le radeau est *flottant*, de la différence (du poids de 220 kilogrammes d'hommes ajouté au poids de 130 kilogrammes de radeau soit 350 kilogrammes), de *350* kilogrammes de poids brut, contre *500* kilogrammes de poids d'eau déplacée ; c'est-à-dire que le radeau, une partie restera, surnagera de *15 centimètres* au-dessus de l'eau.

Plus le radeau sera léger (spécifiquement), plus évidemment il sera effectif.

Nous rappelons ici ce que nous avons dit dans le chapitre « *Mesures particulières et révélations diverses* », page 59 de l'« *Analyse* » du *Courrier aérien,* que comme mesures de sûreté dans la marine, qu'un *bruit infernal* quelconque, tambourinage, carillon ou sifflement *continuel permanent* à bord, pendant la *nuit*, pourrait peut-être (comme il est dit pour la navigation aérienne) éviter certaines collisions, abordages, résultant trop souvent du manque de moyens possibles d'observation).

tor
tor
tag
co
né
pr
su
de
bil
pa
Co
vr
pr

CONCLUSIONS

A NOTRE POINT DE VUE

RÉCIT

Ainsi nous venons de voir se dérouler tour à tour devant les yeux du lecteur, tous les arguments pour ou contre, avantages ou inconvénients pouvant être portés contre la possibilité pratique du *Courrier aérien*, lesquels arguments et certains préjugés surannés disparaissent, tombent successivement à tour de rôle devant l'évidence clairement démontrée de la possibilité de la navigation aérienne pratiquée par la machine, locomotive, bateau, navire, *Courrier aérien* qui est l'incarnation du vrai et de la vérité de la navigation aérienne pratique.

NÉCESSITÉ OBLIGATOIRE

POUR NAVIGUER

D'ÊTRE FLOTTEUR (FLOTTANT)

(expression conventionnelle)

C'EST-A-DIRE SPÉCIFIQUEMENT *PLUS LÉGER QUE L'AIR*

Nous venons de nommer le nom. *bateau, navire aérien*. A cette occasion nous voulons rappeler en dernière analyse, au sujet de ce que nous avons dit dans le cours de cet ouvrage relativement au *plus lourd que l'air*, que la navigation aérienne ne pourra *dans tous les cas* être pratiquée et s'effectuer avec *pleine sécurité*, qu'à la condition indispensable, que toute machine aérienne, tout *Courrier aérien devra être flotteur* avant tout (et flotteur *très résistant*; nous expliquerons cela plus loin en détail), c'est-à-dire être *spécifiquement plus léger que l'air* et que pour cette seule raison, il ne se passera donc par conséquent *jamais* d'aérostats quelconques, c'est-à-dire encore, que les aérostats qui le rendront (le *Courrier*) *flotteur plus léger que l'air*, soient des aérostats (comme nous l'avons dit plus haut), en étoffe (enduite d'une couche de vernis incombustible) *métalliques*, ou que ce soit le *Courrier* lui-même qui soit à la fois, *aérostat métallique* et *moteur propulseur-fluide* (c'est là l'avenir pensons-nous), n'importe il faut que l'appareil aérien soit *flotteur* d'abord avant tout, c'est-à-dire, nous le répétons, qu'il soit *spécifiquement plus léger que l'air*, ce qui veut dire, qu'il soit plus léger que le poids du volume d'air qu'il déplace : comme d'ailleurs est le *bateau*, comme est le *navire* qui lui aussi avant tout est un *flotteur, un plus léger que l'eau* (spécifiquement), pour la simple raison, que s'il n'était pas (flotteur) *flottant, un plus léger que l'eau*, il aurait tout d'abord à dépenser une terrible force, une force considérable (selon sa dimension), seulement pour se maintenir en équilibre *flottant* sur l'eau (force qui lui économise d'être *flotteur* naturellement), sans parler de la force qu'il est obligé de dépenser pour propulser, naviguer sur l'eau. Ensuite, s'il n'était pas *flottant*, il aurait, son moteur cessant de fonctionner (nous en avons déjà parlé plusieurs fois dans l'*Historique,* page

19, et la *Description*, page 41), le même sort
que le *plus lourd que l'air,* qui est immédiatement (vu sa pesanteur spécifique),
précipité sur le sol, exemple l'oiseau blessé
page 64 ; en effet, également, absolument
de même (nous redisons) serait le *bateau*
le *navire* spécifiquement *plus lourd que
l'eau* qui ne serait pas *flotteur*, par conséquent, le cas aussi, son moteur cessant
(pour une raison ou une autre), de fonctionner, puisqu'il serait lui (nous le répétons), un *plus lourd que l'eau* il descendrait
naturellement (fatalement), (de par la loi
de la pesanteur) tomberait au fond de l'eau,
de l'abîme. Donc *forcément* pour être pratique possible le *bateau*, le *navire* est *obligé*
d'être *flotteur* d'abord avant tout. Ainsi,
aussi doit être de même la machine, la locomotive, le *Courrier aérien*.

LE PLUS LOURD QUE L'AIR

Seul insuffisant, impratique pour naviguer

LE PLUS LÉGER QUE L'AIR ou FLOTTEUR

Remonte le courant dans lequel il flotte
et est flottant

(A l'exemple du *plus léger que l'eau,* avec lequel il ne peut entièrement être comparé, vu que l'un agit complètement noyé *dans* le fluide (l'air), et l'autre *sur* le fluide seulement (l'eau).

Ce qui revient à dire, (on le comprend maintenant), que le *plus lourd que l'air seul* non flotteur par conséquent (Paradoxe tant prôné à une certaine époque (1863) duquel nous répétons ce que nous avons déjà dit précédemment dans l'*Analyse*) comme devant être *l'unique* moyen de l'automotion aérienne de l'avenir), est démontré impratique. Ce paradoxe déjà suranné, disant : *Pour lutter contre l'air il faut être spécifiquement plus lourd que l'air;* l'exemple suivant est une preuve flagrante qui montre le contraire. Voici : Le *plus léger que l'eau* le flotteur bateau à vapeur à hélice, de rivière, de fleuve lutte bien lui, contre le courant de sa rivière, de son fleuve, le remonte bien même (quoique rapide) remonte par conséquent ce fleuve, cette rivière quoiqu'il soit cependant spécifiquement *plus léger que l'eau* sur laquelle il se meut, tout en étant flottant même sur cette eau qui le porte, courant sur lequel même il prend son appui pour le remonter: de même également le flotteur, le *Courrier aérien*, quoique *plus léger que l'air* pourra remonter les courants de l'atmosphère.

Ainsi donc vient d'être démontré que le *plus léger que l'air* spécifiquement est possible ; et que le *plus lourd que l'air seul*, tant vanté à cette époque comme seul procédé possible de l'automotion aérienne, l'on vient de le voir maintenant n'est pas plus possible (dans l'atmosphère) pour pratiquer la navigation aérienne que ne serait possible, pratique (nous venons de le démontrer avec preuves à l'appui) le *plus lourd que l'eau* dans la navigation fluviale ou maritime. (Nous ne parlerons pas du bateau sous-marin (ses attributions différentes) qui n'est pas fait pour la navigation proprement dite. Quoique cependant le bateau sous-marin agisse identiquement dans des conditions

assez analogues comme le *Courrier aérien*
plongé tout entier dans le fluide ou il se meut).

Donc en résumé. — Le *plus lourd que l'air*
seul, tant préconisé (comme serait le *plus
lourd que l'eau*), ayant, comportant plutôt,
deux défauts capitaux lesquels sont inhérents
à sa nature ; celui de coûter en surplus pour
soutenir en suspend tout son poids dans
l'atmosphère, et celui surtout, le principal,
celui si sa force, son moteur vient à cesser, à
lui faire défaut, qu'il vienne à perdre, manquer d'haleine, est précipité perdu à tout
jamais. Le *plus lourd que l'air seul* par
conséquent (selon nous) est donc condamné,
ne peut être pratique.

Il n'est pas besoin de plus, (nous pensons),
d'autres exemples pour prouver ce qui
d'ailleurs n'est que naturel, que le *plus lourd
que l'air* n'est pas pratique, pas même possible, (puisque c'est un appareil onéreux
incertain et dangereux), cependant nous
pouvons encore citer cet exemple : La fusée
de l'artificier (page 85) un *plus lourd que
l'air* (dont nous avons parlé plus haut, mais
pour une autre raison), en est une preuve
toute naturelle ; en effet, au moment ou la
poudre de la fusée est complètement dépen-

sée, usée, consommée, le moteur cessant alors, la fusée cesse donc naturellement immédiatement (sauf la vitesse acquise) de propulser; ne retombe-t-elle pas, ne descend-t-elle pas (rapidement même) (en raison de son poids spécifique), avec sa baguette vers la Terre centre d'attraction, (ceci n'a pas besoin d'explication). Ainsi ferait de même l'appareil aérien qui serait *plus lourd que l'air* spécifiquement. Ainsi ferait aussi le *bateau*, le *navire* s'il était *spécifiquement plus lourd que l'eau*, s'il n'était *flotteur* avant tout. Quoi? peut-il en être autrement? Non. Il paraîtrait même, pensons-nous, sans raison de vouloir parler de la possibilité (pratique) de l'automotion aérienne par le *plus lourd que l'air* seul, que nous croyons avoir démontré impratique.

PROGRÈS

Sécurité de la Navigation aérienne (rêvée)

Donc, hâtons-nous, pour de nombreux avantages d'ordre économique et principalement pour la *sécurité* dans la navigation aérienne de rendre (par des moyens quelconques), le *plus lourd que l'air* (de sa nature résistant), *artificiellement plus léger que l'air*, c'est-à-dire pour qu'il devienne, qu'il soit un *flotteur* (artificiel) *très résistant de nature*, à tout, *métallique* par exemple ; (à notre point de vue condition essentielle pour la sécurité recherchée).

Ceci accompli nous aurons réussi, nous aurons rempli notre tâche, fait notre devoir, (car croyons-nous, là est la clef, le chemin de l'avenir de la navigation aérienne pratique).

Nous rappelons ici que nous avons parlé dans l'*Analyse* des *Aérostats métalliques, à air chaud, vapeur, vide et propulseurs fluides-pression* comme moyens pouvant aider à arriver à procurer la *sécurité* dans la navigation aérienne en rendant le *plus lourd que l'air artificiellement flotteur ou flottant, permanent, absolu* (ce qui lui supprime son défaut capital inhérent). Nous allons nous expliquer et nous résumer.

Afin d'être d'accord avec nous-même c'est-à-dire sans vouloir cependant être en contradiction avec le bon sens de ce que nous avons déjà dit, écrit dans le cours de cet ouvrage relativement à ce que devra être

probablement à l'avenir le *Courrier aérien.*
(Nous résumons). A ce sujet, nous avons
dit :

1° Que le *plus lourd que l'air* seul, n'était
pas pratique, nous en avons expliqué les
motifs (le défaut capital qui lui est inhérent.)

2° Que pour naviguer il était obligatoire
d'être *plus léger que l'air* (spécifiquement)
ou *flotteur ;* nous en avons donné les raisons.

3° Que pour rendre la sécurité à la navigation aérienne qui lui fait défaut actuellement ; il fallait être *plus lourd que l'air,*
c'est-à-dire pour que l'instrument, le bateau
de navigation soit *très résistant* (métallique
par exemple), de façon à ce qu'il puisse
résister au feu, foudre, etc., etc., ainsi qu'à
la pression déterminée par la résistance de
l'air à la vitesse de sa marche (les aérostats
en étoffe n'offrant pas ces garanties de
résistance).

Ainsi donc : Comment alors pouvoir être
à la fois *plus léger que l'air* ou *flotteur*
(puisque c'est obligatoire pour naviguer), et
être en même temps *plus lourd que l'air*
puisque c'est indispensable aussi pour avoir
la sécurité nécessaire dans la navigation
aérienne, et faire encore que le *plus lourd*

que l'air aussi n'ait pas le défaut capital (inhérent à sa nature), qui le rend impratique.

Ah ! Là est toute la question ; là est tout le problème ; c'est l'X, c'est l'inconnu, le seul il est vrai, mais le grand inconnu qui subsiste encore dans la navigation aérienne, inconnu qu'il importe donc de faire disparaître le plus tôt possible (avons-nous déjà dit), afin d'ouvrir définitivement et avec *sécurité, à la pratique* du voyageur universel, ce grand océan libre et sans limites : l'Espace, l'atmosphère.

Cet inconnu (à faire disparaître disons-nous), ce restant du grand problème de la navigation aérienne *pratique* à résoudre, question universelle pendante (si intéressante de nos jours vers la fin du XIXe siècle) de l'œuvre grandiose entreprise, il y avait tantôt déjà un siècle de sonné chez les humains ; ce complément de ce grand problème (quoique d'apparence insoluble), que l'homme s'est proposé, imposé même (pour ainsi dire) de résoudre : espérons ! Qu'avec l'aide de Dieu, récompensant les efforts divers, l'on arrivera malgré à la solution.

Alors donc : la question posée (est la

réponse) et à résoudre pouvant atteindre le but assigné est donc par conséquent (avons-nous déjà dit) celle-ci, et peut se résumer à notre point de vue, ainsi, de cette façon : obtenir, réaliser un appareil « *automoteur* » aérien « *flotteur artificiel* » *très résistant* de nature (métallique par exemple), doté en quelque sorte d'un mouvement naturel, *permanent, absolu ;* c'est-à-dire, par conséquent nous l'avons déjà dit, le *plus lourd que l'air* (métallique par exemple), rendu « *artificiellement* » *plus léger que l'air* ou *flotteur, flottant.* De cette façon tout semblerait réalisé : 1° Grande résistance obtenue par l'emploi), du *plus lourd que l'air* lequel, devenu *flotteur, flottant* « *artificiellement* » par son mouvement naturel dont il est doté ; laquelle résistance par cela réalisée, rendant alors la sécurité demandée ; 2° Défaut capital du *plus lourd que l'air* disparu par la *permanence absolue* de son mouvement naturel dont il est doté, le rendant possible, pratique ; ainsi donc par conséquent (serait obtenue, réalisée), toute la *sécurité* possible autant qu'elle puisse l'être, et serait ainsi (croyons-nous), rendue au navigateur de l'atmosphère.

Comment alors arriver à ce résultat indiqué?

Notre présente étude, dont le but est de chercher et tacher de jeter quelques jallons en vue d'essayer de tracer, de frayer un commencement de route, de voie quelconque (souhaiterait être ce vrai fanal, devant éclairer en tendant à atteindre le but tant désiré), laquelle voie (nous répétons) suivie (pensons-nous) pourra peut-être diriger les esprits vers le bon chemin, les vrais moyens de succès. Notre présente étude, disons-nous humblement, propose à cet effet les moyens suivants (que nous avons rappelés plus haut à ce propos), *Nouveaux principes* que revèle la *Description* du brevet d'invention du *Courrier aérien* ; ces moyens (avons-nous dit avoir déjà nommés) les voici : *Aérostats métalliques à air chaud, vapeur, vide et propulseurs fluides-pression* c'est-à-dire, en d'autres termes, ce qui veut dire, moyens pouvant rendre « un appareil aérien (automoteur), *plus lourd que l'air, artificiellement plus léger que l'air,* ou *flotteur flottant,* propulsant par le mouvement naturel et permanent *fluide-pression* dont il est doté pour ainsi dire » ; l'expli-

cation des moyens déjà donnés pouvant
atteindre ce but sont développés dans l'article
intitulé *(Exposé de) nouveaux principes et
sécurité de la future navigation aérienne*
(page 84) de l'*Analyse* (qu'il n'y a pas lieu de
reproduire de nouveau), auquel le lecteur
est prié de vouloir bien se reporter; nous
ajouterons seulement concernant le mot
vide, dont il n'a été donné encore aucune
explication, un seul mot : c'est que son rôle
est d'aider à la propulsion fluide-pression;
parce que obtenir un aérostat métallique par
le vide n'est pas trop pratique, vu les
dimensions impossibles qu'il y aurait lieu
d'atteindre pour arriver à le rendre spécifiquement *plus léger que l'air, flotteur flottant;* et la terrible pression atmosphérique
(1^k033 par centimètre carré) extérieure qu'il
faudrait intérieurement équilibrer, rendent
la chose momentanément sinon impossible,
mais tout au moins assez impratique. Et de
même relativement au mot *permanence
absolue,* dont il est aussi question ici; nous
ne pouvons dire autrement, que la propulsion *fluide-pression* sur l'air (ambiant)
de l'atmosphère dont elle est une consé-

quence et sur lequel elle agit, aura (pour cause) sa même permanence.

Ce même sujet de l'application des nouveaux principes, dont nous venons de nous entretenir, va, un peu plus loin, être l'objet de notre propre appréciation, relativement à ce que nous pensons de l'avenir, de la future navigation aérienne sur laquelle nous essayerons, nous tâcherons de pérorer : mais auparavant nous allons parler, dire quelques mots d'une récente démonstration qui a eu lieu à Paris, démonstration croyons-nous devoir avoir quelque analogie, et qui, à nos yeux pensons-nous (sauf erreur cependant), viendrait corroborer avec ce que nous appelons les révélations de l'invention brevetée du *Courrier aérien* ; la voici :

(Démonstration scientifique)

Le Nouvelliste de Lyon l'a publiée le 10 octobre, 1890, ainsi :

Paris, 9 octobre 1890.

La démonstration d'un nouveau principe de physique et de dynamique, qui implique la direction des aérostats, a été faite au parc aérostatique de la Porte-Maillot et a produit, dans les esprits des nombreux assistants, une profonde impression.

Il ne s'agit plus de cette traction dans l'air de ces immenses globes plus légers que lui, mais bien d'un véritable boulet animé d'une impulsion qui lui est propre, qui, par son mouvement, devenant plus lourd que l'air, entraine le corps qui le suspend, c'est-à-dire l'aérostat, qui lui-même devient actif et aide à la propulsion.

L'explication scientifique de haute portée, donnée par l'auteur de la découverte, est des plus intéressantes et d'unanimes félicitations ont terminé cette expérience, qui ne peut manquer d'avoir un grand retentissement.

Cette démonstration, 9 octobre 1890 (exposant un nouveau principe qui implique la direction des aérostats), faite près de quatre mois après les principes formulés par le *Courrier aérien*, breveté le 12 juin 1890, donne à espérer que la navigation aérienne, ainsi que nous le disons au début de notre ouvrage, avec l'aide de Dieu et la coopération populaire universelle, pourrait ne pas tarder à avoir sa solution pratique. (Nos vœux les plus ardents).

Future locomotion aérienne (rêvée)

Prévision du *Courrier aérien* transformé par les *fluides élastiques*, propulseurs *fluides-pression* aidés de la puissante *traction* (actuelle) de l'hélice et des voiles (de fantaisie).

(Nous concluons) : nous venons de nous entretenir de la sécurité de la navigation aérienne et des moyens pouvant tendre et chercher à la procurer. Nous voulons donc maintenant parler, ajouter, compléter ce récit, cette discusion générale ; nous voulons exposer notre appréciation finale, toute personnelle bien entendu d'abord, et particulière surtout ; appréciation qui, par le bon sens et le naturel des choses, nous apparaît, découle plutôt d'elle-même de notre étude, avec une certaine apparence de vraisemblance, de brutale vérité on pourrait dire : nous voudrions à ce propos, parlant de la future navigation aérienne, laisser croire (c'est-à-dire, pensons-nous) que le *Courrier aérien* pourra à l'avenir être transformé (à l'exemple du seul moyen, seul instrument pour ainsi dire pratique employé pour la navigation fluviale et maritime, le *bateau*, le *navire*), c'est-à-dire devra avoir la ressemblance, la forme même (exacte même) du *bateau* du *navire* (que rien d'extraordinaire nous semble que de bien naturel au contraire puisqu'il s'agit de naviguer), lequel *bateau*, *navire* ou *Courrier aérien* métallique, par exemple (par conséquent très résistant mais très lourd), rendu artificiellement *flotteur*, *flottant* par les moyens, air chaud, vapeur, vide et propulseurs fluides pression (dont nous venons il y a un instant de nous entretenir longuement et particulièrement), pourra à l'avenir, pour la future navigation aérienne pratique, être un *grand navire* (flotteur, propulseur-fluide-pression), *métallique* (ou autre), *à peu près* nous venons de le dire ressemblant de tous points à nos grands navires transatlantiques, comportant comme eux les mêmes commodités et avantages pour le même usage (malgré que l'un navigue sur le fluide et l'autre dans le fluide); par exemple, mâtures avec voiles (quoiqu'il soit dans, fasse même partie du courant même dans lequel il navigue; vent même contre lequel il veut agir lorsqu'il est favorable de le faire ; vent qui le pousse et l'entraînerait même s'il ne faisait résistance), deux hélices de propulsion (mues par un moteur quelconque) (l'électricité de préférence), seulement (ou plus) placées où il conviendrait pour l'efficacité (inclinées peut-être), serviraient à elles seules à la fois à faire (propulser), parcourir le *Courrier aérien* en tous sens dans l'atmosphère et à le faire aussi monter et descendre également à volonté ; toute cette traction propulsive mécanique pourrait ainsi aider à la propulsion fluide-pression du *Courrier aérien* de l'avenir. En effet, cela n'a rien qui nous paraisse extraordinaire que le *Courrier aérien* puisse ressembler à un grand navire : la conformation du grand navire transatlantique ne paraît-elle pas d'elle-même se prêter à permettre toutes nos combinaisons nommées, proposées pour tâcher d'atteindre le but déterminé ? Son gros corps de ce navire, son immense volume ne semble-t-il pas aussi de lui-même s'offrir et nous fournir la possibilité, nous permettant de faire de cette pareille capacité (ce semblable déplacement d'air), le lieu même le foyer des fluides-pression-propulseur dont nous avons parlé, rendant ainsi le navire (qui est) *plus lourd que l'air, artificiellement plus léger que l'air,* c'est-à-dire *flotteur, flottant* (nous avons cité plus haut l'exemple de la fusée de l'artificier, nous pourrions multiplier les exemples prouvant ainsi l'efficacité de la propulsion fluide-pression par les fluides élastiques) (riches garants selon nous de l'avenir). Un tel navire, dont nous ne sommes pas loin de croire, nous l'avons dit, pourrait et pourra bien être le *Courrier aérien, pratique de l'avenir.* Quoi? pour naviguer il faut (naturellement) un bateau plutôt qu'une charrette.

Maintenant que le lecteur a parcouru complètement l'étude, l'*Analyse* du *Courrier aérien,* compris par conséquent (par ses explications et ses observations pour et contre lui), la possibililé pratique de la navigation aérienne proprement dite; ne nous semble-t-il pas avec lui être amené tout naturellement, par le bon sens du jugement, au vrai, au réel à la vérité claire et évidente; à dire, à croire même qu'il n'est pas impossible, sinon plutôt invraisemblable, que le *Courrier aérien pratique de l'avenir* devra ressembler, nous répétons, *à peu près* en tous points au grand navire transatlantique (transformé, rendu *artificiellement, flotteur, permanent*), et qu'il ne doit, et ne peut même en être autrement, que l'on ne doit même faire différemment, puisqu'il s'agit dès lors, des mêmes résultats à obtenir et dans des conditions de très près, sensiblement ressemblantes pour ainsi dire, même analogues (malgré que le navire maritime navigue sur l'eau et que le navire aérien navigue noyé dans l'air, l'atmosphère, dans l'élément même qui l'embrasse, dans lequel il est plongé, noyé entièrement, dans l'élément même qui le porte). Ainsi donc le *Courrier aérien pratique de l'avenir*, ressemblerait de toutes façons, de forme, d'usage, etc., etc., le grand navire transatlantique remplirait ainsi toutes les conditions que nous avons dites, énoncées (dans cet ouvrage) et exigées qu'il devrait avoir; c'est-à-dire qu'il doit être « un appareil (quelconque) aérien automoteur (très résistant de nature), un flotteur (artificiel) permanent (par les fluides-pression), un tout rigide de la plus faible section transversale possible ».

Nous nous sommes étendus longuement dans nos observations dernières afin de ne laisser aucun doute, aucun trouble dans cette étude si ardue, confuse même, et de grouper et résumer l'ensemble de notre travail.

FINALE

Enfin, le succès du *Courrier aérien*, le salut même de la navigation aérienne pratique, en effet, n'est croyons-nous, et ne peut être qu'à ce prix, qu'à ces conditions (nous répétons et résumons), d'être (à l'avenir), « un appareil aérien (automoteur) quelconque flotteur (artificiel) permanent métallique (par exemple) ; propulseur, fluide-pression (aidé de la propulsion mécanique), un tout rigide quelconque de la plus faible section transversale possible » ; une machine, une locomotive, un navire, le *Courrier aérien*, lequel ainsi transformé espérons, pourra à l'avenir traîner alors, remorquer (comme le bateau de l'onde, la locomotive des chemins de fer) (à sa suite), au besoin, une série, un convoi de flotteurs aériens, bateaux-logements quelconques, etc., etc.

Vos desseins sont impénétrables, Grand Dieu.....?
Quel abîme ?????

TRAVAILLER

RÉFLEXION (MÉDITATIVE)

(ESPÉRANCE)

Lorsque dans l'espace..... à son gré.....
l'homme pourra voguer sans entraves,
parcourir librement cet Océan sans rivages,
planer dans l'atmosphère infinie ; du haut
des airs, naviguant au-dessus de la terre et
d'assez près pour contempler ce globe entier
à son aise, ce monde merveilleux, ce superbe
et émouvant panorama, ce spectacle vivant
de la nature ; ensemble d'un ordre aussi
parfait, œuvre du Créateur tout puissant.....
Ce jour dans sa course (l'homme), n'ayant
plus de bornes, d'obstacles matériels à fran-
chir s'opposant à son entière admiration de
cet astre, Planète animée faite pour lui (la
Terre, atôme infime de la création de l'Eter-
nel)..... Ce jour ! l'homme regardant autour
de lui, les yeux fixés là-haut au Ciel
qui l'environne, les mains tendues vers
l'auteur de ses jours, ne pourra dans cette

extase, confondu et plein de reconnaissance, que s'écrier souverainement avec transport, humblement prosterné et sincèrement convaincu :

> Maître des Maîtres!......
> Etre Suprême! qui êtes
> avant la pensée!..........
> Notre Père !... Je vous
> aime!....... Dieu!!!!.....

FIN.

PORTRAIT ET EXPLICATIONS

DE L'AUTEUR

L'auteur anonyme de cet ouvrage, un ingénieur civil de la (Loire), France, fut pendant 30 années ingénieur constructeur, dans deux de nos grandes Compagnies industrielles du bassin de la Loire.

Pendant la guerre de 1870-71, alors qu'il était mobilisé, qu'il avait 29 ans, ses travaux le firent désigner chef de section principal (capitaine de Génie civil) au gouvernement de Bordeaux.

Enfin, après qu'il fit une dernière installation d'usine de ses propres combinaisons, et que de nombreux revers le forcèrent à des loisirs, il s'occupa d'élaborer le « *Courrier aérien* » (qu'il fit breveter) et d'écrire ensuite à son sujet le présent ouvrage, étude traitant de la *nouvelle navigation aérienne pratique de l'avenir,* à laquelle il a joint quelques *Notes corrélatives avec la Marine, l'Industrie etc*.....................

....

....

6

L'auteur du « *Courrier aérien* », tout au cours de son ouvrage *scientifique*, parle nombre de fois de Dieu, et paraît surtout reporter sur lui la plus grande gloire du mérite qu'a l'homme de ses actions, voulant expliquer les raisons qui le font ainsi parler, s'exprime de la manière suivante :

Naturellement, veut dire l'auteur, le membre tenant faisant partie du corps, ainsi la créature (l'homme) (de nature, son âme d'essence, d'origine), tenant de son Créateur (Dieu), est de ce fait (l'homme), conséquemment, naturellement en constante, intime relation même (tension d'esprit, extase admirative continuelle : c'est son *être*, cessant c'est la mort), en communication directe avec Lui (Dieu), et que l'homme (quoique aussi de nature libre), par n'importe laquelle de ses actions, pensée, conception, étude, exécution, *travail* en un mot, lorsqu'il la commet ou veut la commettre, naturellement encore, conséquemment (l'homme) est, se trouve, se met (sans s'en douter peut-être), en rapport direct avec Dieu (logique naturelle, conséquence). *L'athée, malgré lui, ne peut donc ignorer Celui qu'il voudrait nier*, et qu'il résulte donc par conséquent (de ce fait) que, de même que la source alimente ses artères, le Créateur est l'inspirateur de sa créature (l'homme tel qu'il est (de nature) libre, bon, mauvais, imparfait, *impuissant* surtout, qui, s'il n'était inspiré, malgré lorsqu'il veut aboutir, réaliser un acte quelconque, pourvoir même aux exigences de son existence (selon ses forces, ses aptitudes), par une étude prolongée, pénible, long labeur d'un incessant, persévérant et *dur travail* (prière, sollicitation par laquelle il s'aide afin d'être aidé), déploie tout ce dont il est capable en efforts de son impuissance, n'aboutirait s'il n'était aidé, inspiré (car l'homme seul n'a pour tout pouvoir que son impuissance avérée, ne s'étant point donné la vie, est malade et meurt malgré lui) et que si le mérite des actions, des efforts consommés de l'homme (très naturellement) lui revient : la plus grande gloire resplendit sur Dieu.

Ainsi ! découlent ces paroles éternellement vraies : « Aide-toi et Dieu t'aidera. »

L'Auteur.

TABLE DES MATIÈRES

COURRIER AÉRIEN
DOCUMENTS DU BREVET D'INVENTION

COURRIER AÉRIEN
OPINION, ANALYSE, COMMENTAIRES, CONCLUSIONS

ANALYSE

COMMENTAIRES

FIN DE LA TABLE DES MATIÈRES

St-Etienne, imp. J. L Hénaff, rue de la Bourse, 2.